o duplo
em busca do outro

o duplo

O duplo

CARLOS R. BRIGANTI

em busca do outro

Uma história em busca de Deus

1ª edição

Minha Editora

Copyright©2016 Editora Manole Ltda, por meio de contrato de coedição com o autor.
Minha Editora é um selo editorial da Editora Manole.

EDITOR GESTOR Walter Luiz Coutinho
EDITORA Karin Gutz Inglez
PRODUÇÃO EDITORIAL Janicéia Pereira, Cristiana Gonzaga S. Corrêa e Juliana Morais
CAPA E PROJETO GRÁFICO Departamento Editorial da Editora Manole
IMAGENS Gentilmente cedidas pelo autor
FOTO DA CAPA Jennifer Glass

DADOS INTERNACIONAIS DE CATALOGAÇÃO NA PUBLICAÇÃO (CIP)
(CÂMARA BRASILEIRA DO LIVRO, SP, BRASIL)

Briganti, Carlos R.
O duplo em busca do outro : uma história em
busca de Deus / Carlos R. Briganti. -- Barueri,
SP : Minha Editora, 2016.
ISBN 978-85-7868-224-8
1. Ficção brasileira I. Título.
15-09378   CDD-869.3

ÍNDICES PARA CATÁLOGO SISTEMÁTICO:
1. Ficção : Literatura brasileira 869.3

Todos os direitos reservados.
Nenhuma parte deste livro poderá ser reproduzida,
por qualquer processo, sem a permissão expressa dos editores.
É proibida a reprodução por xerox.
A Editora Manole é filiada à ABDR – Associação Brasileira de Direitos Reprográficos.

1ª edição – 2016

EDITORA MANOLE LTDA.
Avenida Ceci, 672 – Tamboré |
06460-120 – Barueri – SP – Brasil
Tel.: (11) 4196-6000 – Fax: (11) 4196-6021
www.manole.com.br | info@manole.com.br

Impresso no Brasil | *Printed in Brazil*

Este livro contempla as regras do Acordo Ortográfico da
Língua Portuguesa de 1990, que entrou em vigor no Brasil em 2009.
São de responsabilidade do autor as informações contidas nesta obra.

"Desconheço qualquer movimento que se esconda da minha razão."

Montaigne

"Não está mais só, ele se tornou duplo. E, descobre que esse divertimento, esse *amusement*, é infindável, que esse eu não é imutável, que está sempre se transformando em ondas, ondulante, que o Montaigne de hoje não se parece com o Montaigne de ontem. Constata que só podemos desenvolver fases, estados, detalhes. Mas, cada detalhe importa: é precisamente o pequeno gesto fugidio que ensina mais do que a postura rígida. Ele se observa em câmera lenta. O que parece ser unitário, ele dissolve em uma soma de movimentos de transformações. Assim nunca termina de se analisar, permanece eternamente em busca."

Stephan Zweig

"As únicas forças que podemos imaginar capazes de agir sobre os homens incultos são as paixões ordinárias da vida humana, a ansiosa busca da felicidade, o temor de calamidades futuras, o medo da morte, a sede de vingança, a fome e outras necessidades. Agitados por esperanças e medos dessa natureza, e principalmente pelos últimos, os homens examinam com trêmula curiosidade o curso das causas futuras, e analisam os diversos e contraditórios acontecimentos da vida humana. E nesse cenário desordenado, com olhares ainda mais desordenados e maravilhados, veem os primeiros sinais obscuros da divindade."

David Hume

"... *il lettore nella prima pagina si trova davanti ad uno specchio dove può vedersi leggere il libro cha ha comprato, per poi trovarsi di fronte all'imprevisto; il frantumarsi del romanzo in dieci incipit di romanzi diversi, che un algro Lettore [il protagonista del libro, dopplegänger c'inchiostro del lettore di Calvino] tenta disperatamente di concludere, al pari del lettore.*"

Italo Calvino

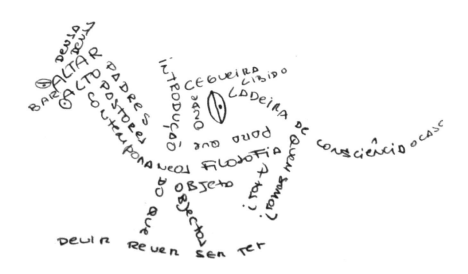

Nesses tempos aflitos, para manter minhas loucuras e sanidades, escrevo. Tentei dar forma ao texto, pari o jegue sem asas.

Depois do nascimento, as palavras brotaram das minhas glotes: medo corredio e um Duplo.

Uma história em busca de algum Deus.

[Ou, a crença em que qualquer religião é fruto da natureza humana.]

Aviso aos crentes

O caminho traçado é fruto das minhas esquisitices e aprendizados. Hume é o responsável pela minha parte sensata. A outra porção desvairada fui apenas eu quem gerou. O êxtase, a credibilidade e a fé são paixões que nascem da natureza humana cultivadas em medo e esperança. Medo de morrer. Esperança de não morrer. O ato de credibilidade e fé é equivalente à paixão de amor. Todos viveram alguma paixão, e sabemos do que ela é capaz. O mesmo acontece com qualquer religioso de qualquer fé. O religioso é um apaixonado de si mesmo que enraiza seus pés na crença de um futuro revelado e imortal. Todo religioso não tem presente, vive no projeto futuro das regras de seu Deus, ora, pede, recebe e dá apaixonadamente. A revelação e o caminho da salvação são os salvos-condutos dessa caminhada plena de delirantes certezas. Conviver com a dúvida é missão produtora de pânico para a maioria, ou reflexão para poucos. Duvidar é instaurar um caminho novo, em busca de um sempre novo. Ter fé é estabelecer-se enraizado no mesmo. O alicerce do crente é na crença irreprimível de que é verdade, a verdade é! O religioso opta em entregar-se à paixão em detrimento da reflexão plena de dúvidas que o conduz à sua infinita pequenez diante da existência de si mesmo.

Sumário

Capítulo 1 Colar de pérolas róseas...1

Capítulo 2 Milagres insuspeitos..17

Capítulo 3 Fumaça circulando língua...25

Capítulo 4 Deus Prozac...37

Capítulo 5 Dono da festa...41

Capítulo 6 Artista da pesquisa intuitiva...57

Capítulo 7 Esposas mórmons em férias...61

Capítulo 8 Le Bistrot Rive Gauche..67

Capítulo 9 Comunhão dos mortos, duplo ao quadrado.................................71

Capítulo 10 Você cheira a vodca e mulher..77

Capítulo 11 Detetive glotocronológico...79

Capítulo 12 Chinelas douradas...91

Capítulo 13 Cada um habitava um duplo..95

Capítulo 14 Hoteleco..101

Capítulo 15 Kant nunca saiu de Königsberg..107

Capítulo 16 A divina comédia 111

Capítulo 17 Chapéus carregando ninhos de sabiá-laranjeira........................123

Capítulo 18 Fábrica de carneiros castrados...131

Capítulo 19 Origem do mundo..133

Capítulo 20 Tela de Baruch da Silva..141

Capítulo 21 Livros são máquinas de guerras..149

Capítulo 22 Ela prefere ser loba faminta a um cão na coleira.......................163

XI

Capítulo 23 Penso que compreendo o duplo 175

Capítulo 24 Por que Lisboa? 179

Capítulo 25 Casa de tolerância 191

Capítulo 26 Primeira classe 217

Capítulo 27 Viver e deixar viver 229

Capítulo 28 Meus construtores 235

SMS

Quem construiu os personagens?

Foram histórias vistas, deliradas pelas irrealidades ouvidas, ou narrativas lidas. Não raros os sonhos diurnos agiram como porta-vozes dos deuses. A égua noturna me subjugou e recordei. Se alguém sentir-se ressuscitado, creia que a ficção, não raras vezes, abusa daquilo que se considera verdade. Logo, a coincidência acontece, inocentes reflexos dos dados jogados ou realidade do papagaio? Papagaio trovador de sílabas, repetição sonorizando o não compreendido. A consciência? É a ideia de uma ideia encadeada sem fim. Logo não é aconselhável ancorar-se no leito do rio da existência. A verdade, ora a verdade!

A regência do texto se deve exclusivamente ao duplo.

Ele é o maestro, invisível em sua batuta que nos escala para qualquer nota ou harmonia. Nunca escolhemos; somos escolhidos pelo personagem que habita além dos espelhos. São mais do que imagens e menos que palavras, onipresentes em cada gesto ou fala. O duplo é o diretor do teatro de marionetes de cada um de nós. Acreditamo-nos única identidade, raramente temos consciência dos fios que amarram tornozelos, pés, mãos, cabeças e alma. Permanecemos sob nós de marinheiro atados ao fio invisível da essência. Dançamos a música escolhida dos passos eleitos pelo outro.

O duplo faz de conta que não existe. Temos fé, gesto contínuo de nos arrancar da verdade ou crueldade: não existimos únicos, e não somos portadores de uma carteira de identidade única, com um único registro; mas somos o RG de outro que se esconde além da imagem do espelho. Alguns creem no duplo divino; outros, na razão − mais além, creem em nossa animalidade. Crença e verdade raramente andam de mãos dadas. A realidade? Você a constrói conforme o tamanho de sua tesoura que recorta aquilo que é possível. Raros os que mergulham no espelho e, por detrás da falsa imagem, encontram um labirinto desconhecido de si mesmo.

Mergulhem!

Não consigo escapar da tentação dupla.

Aviso aos nevrálgicos:

Copiei das cartas a um crítico severo, Deleuze:

"Eu me imaginava chegando pelas costas de um autor e lhe fazendo um filho, que seria seu, e, no entanto, seria monstruoso. Que fosse seu era muito importante, porque o autor precisava efetivamente ter dito tudo aquilo que eu lhe fazia dizer. Mas que o filho fosse monstruoso também representava uma necessidade, porque precisava passar por toda a espécie de descentramentos, deslizes, quebras, emissões secretas que me deram muito prazer."

Eu cumpri à risca elegendo autores, tentei ser o outro ou o duplo e, sem autorização deles, enrabei-os, invejei deleuzianamente nascendo de cada gozo um filho disforme portador de uma virtude: não seria seguidor de um Mestre qualquer. Por quê? Somos todos pássaros engaiolados, e a vida pesa mais sobre aqueles que têm asas maiores, fiz *ménage* com Flaubert em sua carta a Louise.

O texto papagaio é o relato do Orfanato que recebe o fruto abandonado dos ventres. Nasce bastardo buscando vida adentro uma explicação. Por quê? Geralmente sobrevivem. O projeto do abandono é o de não transformá--los em príncipes herdeiros e suas princesas ditas apaixonadas? Política aristocrática. Miséria humana, reflexão de corte mais profundo. Os paridos se transformam em monstros nutridos e abandonados a si mesmos. Quando sobrevivem, reproduzem o quê? Outros monstros. Os alunos paridos e abandonados reproduzem o mesmo do apreendido.

Nada mais pobre do que o Mestre cercado por um bando tentando copiá-lo. Assim se comportam os herdeiros que, nascendo sem escolha, se submetem às ordens do delirante patrão-profeta. Os herdeiros nascem mortos da possibilidade de provarem o prazer do seu talento, seja qual for, mesmo que nenhum. No entanto, os herdeiros reproduzem o preexistido. Todo herdeiro é escravo de um Messiânico, que repete ao longo da vida: "Tudo isso é seu, trabalhe comigo". Eu sempre fui escravo de você. "Eu sou a verdade", "Eu sou a lei", "Eu sou o Pai". Quanto mais perverso o Mestre, maior o orfanato. Por que orfanato? Ora, os herdeiros não são filhos queridos, são apenas órfãos herdeiros em busca de um pequeno olhar. Nunca acontece.

A expectativa de um futuro seguro pré-construído destrói o futuro. O herdeiro vive o sofrimento diário de um passado continuamente cobrado. "Isso foi mamãe quem fez, aquilo foi papai, lá foi vovô". Tudo feito, nomeado e legislado. Do herdeiro se espera que cumpra seu papel exclusivo: escravo. A esperança não pode ser usada em animais humanos. Por quê? A maioria é plena de angústia e vazios. Qualquer psicopata engancha o anzol da sedução, ou esperança, e o exército de cegos olhando para o que acredita ser Sol. O processo de criação do herdeiro é equivalente à produção da cegueira. Cega-se o mundo ao redor, envolve-se unicamente com a família, depois é sofrimento, desespero e tédio. Frutos da herança. Toda herança é maldita.

Sob o comando de leis não eleitas, é gerado outro monstro, o duplo. É dessa tentativa de junção entre o eu e seu duplo que mentiremos contos ao outro.

SMS

Biografia autorizada pelo duplo; logo, resolvi contar essa história.

Não tenho conclusões e afins que acarretarão. Reconheço-me em qualquer biografia, autorizada ou não, pois a memória se reinventa. A memória atrela--se aos afetos de melancolia, ódio, saudades, amor, alegria. As pinceladas afetivas dirigem a lâmina para recortar aquilo que interessa e jogar fora o que não convém. Sim, reli "Viagem ao fim da noite", de Céline. A história de Caim é repetitiva, um Abel a mais ou a menos a quem importa? Somente a Adão que, perplexo, se perguntou: "Deus, meu Deus, onde errei?".

A única possibilidade de este escrito ser entendido é lê-lo sob a perspectiva da dúvida, única possibilidade de se reconhecer um pouco antes de morrer. Este texto não pretende descentrar o território da humanidade para a eternidade, uma vez que não sou adepto da fabricação esquizofrênica massiva. O homem é pleno e temporal em territorialidade única, aqui e agora na Terra. O descentramentos da humanidade em direção aos céus é, além do medo da morte, produto de seu duplo. O descentramento possibilita encontrar a cloaca em que habitam os religiosos, funcionários da esperança. "Vinde! A morte não existe! Estacionem suas almas nos reinos dos céus. Porém, recorde que a morte ao chegar você não estará lá."

Sei que devo existir em algum lugar distante, frio, labiríntico, de difícil acesso, inacessível em plenitude, raramente possível em superfície. Sou onde não há consciência e, quando sentida, é miragem originária de uma regra imposta, seja religiosa, sexual, patriótica, ou qualquer outra coisa inventada para a sobrevivência da manada líquida humana. Líquida é função da alma, pintura de Bauman. Sou consciente de minha estupidez! A utopia, sinônimo de ilusão, nos conduz à semelhança dos caminhos dos gnus em direção às mandíbulas dos crocodilos. A individualidade é um risco determinado, conseguida por meio de uma virtualidade, potencialidade não lógica em busca de um instante. Como a atingir? Na era do General Informática, a probabilidade acontece em "DEL", basta deletar. Há que ser corajoso.

Contudo, o caminho da escrita que escolhi persegue o método das pequenas verdades, Contador de Histórias. Sinto-me um Capitão Gancho que sustenta as fantasias dos leitores. Nelas, à medida que escrevo, não me reconheço, surgindo um autor distante das minhas amizades, conhecimentos ou coleguices. Quem é esse decantado eu? E eu, depois? Bem, depois releio as histórias e encontro personagens novos, inusitados que constituem partes daquilo que nomeio como meu ser. Ser? Às vezes, opto pelo nada. Mas vamos a essa biografia comum, e cada qual em sua história, contando uma história de outra história da mesma história.

Somos concebidos através da vagina de Stevenson, o escocês que dedicou a vida ao entendimento do duplo que habita cada um de nós, nomeou-os: Jekyll e Hyde. O comum da moradia humana que contempla personagens que se justapõem, articulam-se entre si. Felizes daqueles que levam dentro de si um advogado honesto, sei que é raridade, como Mr. Utterson, o averiguador das múltiplas facetas. Assim como os clientes e advogados, todos mentem, escondendo-se de si mesmo embaixo de uma tênue fábula.

Escrevemos, o duplo e eu, esta história que acreditamos ter vivido.

Temos certeza de que sobreviveremos, apesar de frequentemente acreditarmos que o surgimento do outro é um jogo de cara ou coroa, ou Jekyll e Hyde. Sou uma moeda de 1 centavo com cara e coroa. Por meio das possibilidades, pude reconhecer-me nos valores das maldades e bondades. A união entre virtudes é impossível, e a eleição de apenas uma delas naufragou na ideia mística da sublimação. Ora surge um, depois outro, dança de compassos da natureza humana. Um teatro confusional, o palco cênico enclausurado dentro de nós, quase escondido, e os atores misturados no mundo exterior. Essa massa subjetiva do meio que nos engloba. O teatro e o ator se sufocam da mesma tragédia. Resulta como fim o trabalho árduo e contínuo de separar para em seguida unir, escravos perpétuos de uma razão frágil e fugaz, de tentativas, erros e alguns acertos.

Temos poucas esperanças daqueles que nos leem não se comportarem como o leitor ingênuo de Schiller. Não tente nos desvendar por meio de um personagem, dois ou todos. Existo em todos, mas principalmente na construção daqueles personagens que habitam em você e que você ainda desconhece.

A trilha apreendida do Condutor da Vida – Modo de usar. O atalho é o quebra-cabeça; o duplo, o enigma. Um indivíduo ou uma peça não é nada. Somente a conjunção de encaixes aleatórios possibilita existir, pequeno passo além do cotidiano. Cada peça se encaixa misteriosamente ao sabor do nada. Nesse enigma, não há previsão revelada na contracapa do brinquedo da vida. Artefatos análogos produzidos em madeira, recortados, assimétricos, repetitivos, sem esquinas. Como na vida, não há cantos. Não há possibilidade de se esconder de si mesmo. O vizinho, que nunca ninguém vê, é o mais visto em sua silhueta ausente. Pedaço de tapete persa falso na parede, um vaso da dinastia Xing com número de série, data de fabricação, piano jazz de alma branca.

Onde encaixo aquela peça desencantada?

CAPÍTULO 1

Colar de pérolas róseas

Correria, tiroteio seguido de silêncio subterrâneo, ataúdes à espera. A sobrevida agarrando esperança, escapar vivo da vida labiríntica, ainda existe um touro com corpo de homem. Ele nos espreita para nos trucidar em chifradas e depois nos devora lentamente. Quem corria atrás de alguém? O animal ou o homem? Confundem-se em touros-homens.

Balas ricocheteavam nas carrocerias produzindo secos ecos. Cheiro de borracha queimada. Avermelhava-se o chão de cimento; manchas misturavam-se aos passos desenhando colar de pérolas róseas. O gato malandro desiste da perseguição aos ratos, lambe sangue, patinhas encarnadas, língua de gato, patas e rosas, natureza viva esperando por um pintor.

Shopping center não tem voos de passarinhos livres, apenas engaiolados e sem canto, vitrines mortuárias da mesmice. Velório. A expressão dos comerciantes manifesta a estupidez humana. Todo comerciante é a oportunidade muda do intermediário, expõe o comprado barato e o vendido a juros.

Cemitério sem janelas, aves, cães, vida. *Shopping*-jaula. Andares inóspitos habitados por seres descabeçados, comprando vendas falsas. Todas as mercadorias mentem, não transformam feias em belas, idiotas em menos estúpidos. O único interesse do comércio é explorar crianças escravas chinesas em nome do lucro. Vômito. Depois é catar o excesso do lucro e passear em Paris. Qual Paris? Chineses, e os escravos de amanhã? Sempre arrumaremos uma quantidade. Caminhantes sem caminhos andam para lá e para cá em retornos à novela do mesmo. Mercado sempre foi blefe. O novelo ardiloso é repetição enfadonha da morte em vida. *Shoppinicos* não vendem asas. Aprisionam seus habitantes, que imitam ratazanas em busca de sobras das praças de alimentação e banheiros. Procuram uma cenoura, mesmo que dependurada. *Shoppingaiola*.

A alma do comércio é a mentira. Vende-se o produto que já vem construído para seu rápido término. A calça que encolhe, a máquina qualquer que já nasce projetada para o falecimento após 365 dias. Assim como os humanos, o vendido pelo comerciante já carrega dentro de si o gene da morte, o relógio que determina o tempo em que se autodestruirá. Diriam os cegos do liberalismo: isso é azeite na engrenagem da economia. Diriam os de olhos na vida, isso é areia na engrenagem da ética. Palavras de Bauman, o não cego.

Todo o *shopping* é a igreja da amoralidade, do assalto sob a forma de compras. Comprando, você cumprirá o mandamento de ser mais um. Comprando mais e mais, será mais ser um. Substituiu-se Descartes pela miséria do "compro, logo existo". E o sonho de ser termina no momento em que o cartão de descrédito é passado na maquininha que se alimenta de cartão. Bilhões de cartões anuais são passados na máquina de produzir lucro. A infelicidade contínua dos compradores de ilusões. As sacolas bonitas, a logomarca estampada e o comprador sem visão e sem bengala divulgam a marca pelos corredores do *shoppinico* até sua casa. De metrô, ônibus, carro ou lixo, lá está a marca estampada gratuitamente para outro invejoso da felicidade falsa comprada. Corrente de compradores de ilusão do outro.

Sim, sou Dom Quixote, aquele que, em vez de *shopping*, vê nele o templo do mercado adorado e falso. Sim, sou aquele que ataca moinhos de vento. O que busca o amor, que combate o dragão. Caminhando contra a onda do lucro a qualquer preço. Sim, sou um Dom Quixote que tenta resgatar a ética da convivência social, da formação do caráter, da responsabilidade pelo próximo, da condição de vida digna a todo ser humano. Louco ou sensível? Dom Quixote era sensível, humano, muito humano. Sim, Dom Quixote mudou, não busca mais o demônio na sexualidade da juventude drogada. Tenta encontrar o capitalista maior das vendas das drogas. Satã mudou de lugar, vive nas ruas labirínticas do *shoppinico*, onde o sem identidade caminha sem emoção. Os zumbis, ou clientes, caminham atrás da própria alma, descompromissados com o outro, despidos de pertencimento.

O bem e o mal se misturam no cotidiano. Estão fortalecidos nos instantes em que vivemos sem privacidade, com autonomia vigiada. Todas as redes falsamente classificadas de sociais emitem mentiras à semelhança dos *shoppinicos* de concreto. A virtualidade informativa possui a mesma amoralidade do comércio de balcão. Mente-se. Agride-se. Tenta-se possuir milhares de amigos no Facebook. Conhecemos ninguém. Entramos e saímos do agrupamento sem nenhum compromisso. Não possuímos nenhum amigo. Apenas nomes para os quais escrevemos "parabéns" ou "olá, amigo!". Estamos mais do que cegos, anestesiados.

Por que nos anestesiamos? Quando surge um crime de arrepiar os cabelos das multidões, enfurecemo-nos, pedimos pena de morte, incendiamos a residência do assassino. Quando olhamos o roubo contínuo das igrejas dos mercados, os sem-tetos e as crianças prostituídas nas beiras das estradas continuamente, optamos pela anestesia. Aceitamos como fato essa realidade do assassinato contínuo, até uma outra catástrofe qualquer chegar. O morro que surfa sobre as favelas e a repetição da cena, pela internet ou televisão, transformam o assassinato em passividade condicionada. Anestesiados. Eu continuo Dom Quixote.

O *reality show* cotidiano é contínuo, drogado, insensível e pré-falecido. Será que havia um indivíduo assassinado no sórdido estacionamento do *shopping*-jaula? O mundo atual promove anestesia em massa, estamos imunes ao outro. O inferno são os outros! Danem-se os africanos, os sírios, os chineses, os latino-americanos... Vivemos a visão de um mundo de atrocidades ao vivo. Assistimos aos bombardeios de uns contra os outros da mesma maneira que se assistia à tortura ou à execução no século passado.

Todos assistem, drogam-se de anestesias e depois continuam vivendo, dormindo acordados.

– Vamos até o *shopping* comprar uma calça feita por escravos indianos, chineses, bolivianos ou vietnamitas. Um dólar a peça. Aqui, cem dólares a peça.

Havia um indivíduo assassinado no chão do *shoppinico*.

O cadáver, circundado de automóveis. Dois homens, sob o caminhar duro dos chacais, aproximam-se com armas apontadas. Disparos. Contei cinco estampidos, cheiro de pólvora. Eco e cheiro. Os homens apontam as armas. A angústia adia o tempo. Observo o lábio inferior do assassino mordido, queixo contraído. Tempo de morrer no subsolo da jaula. O que estava mais próximo atira uma, duas, talvez três ou cinco vezes contra mim, abelhas zumbindo zoeiras à orelha esquerda.

Nos intervalos do medo, escondi-me sob uma camioneta, olhei em direção ao extintor de incêndio vermelho dependurado na coluna ao lado para ler a plaqueta pregada no extintor – a única possibilidade de eu não enlouquecer era agarrar-me a algo conhecido e inofensivo, então relia o número de série do extintor: 0778B1A. Sirene. Assassinos fugiram. Mas minhas pernas sem vontade de saírem debaixo da camioneta. Senti óleo em minhas mãos. Seria sangue? Esfrego as mãos sem vê-las. Sirenes. Saio lentamente debaixo do chassi, uma pistola encontra minha cabeça, o cano gelado apertando contra a têmpora. "Não se mova, nem tente respirar ou eu atiro". "Polícia! Devagar! Encoste-se à camioneta! Abra as pernas". "Se se mexer morre!". "O cara tá limpo!". "Documentos!". "Verifique!"

O tempo passava. Eu, encostado à carroceria ainda quente da Mitsubishi, imaginava o desejo do tira de que eu fizesse um gesto... Ele queria apenas um movimento abrupto para ressuscitar seu duplo assassino. Matar em nome da lei.

Enquanto eu era tratado como mais um nada, passaram desfilando duas enloiradas de saltos altos com pacotes de marcas, saias curtas, coxas engrossadas na academia (musculação para o córtex nem pensar!), falando e balançando-se serpentinas sem chão; olhavam para mim o necessário, comentando entre risinhos sobre meu sexo. O tira olhou para ambas e "cresceu" mais um pouco para cima de mim; sexo e poder. Devoradas no labirinto, ouvi o salto cretino batendo no cimento sujo. Viraram os olhos de garça mais uma vez, caminharam sobre o lago em passadas duras à procura de peixinhos; estavam famintas. Riram o risinho e foram tragadas pela Range Rover branquinha de limpeza.

Tudo começou com um encontro.

Tentava aquela mulher há meses, casada (bem casada), gostosa (bem gostosa), e eu ali no fundo da camioneta aguardando um tiro. Não era sangue, era apenas óleo sujo em minhas mãos. Seria o marido policial? Pergunta idiota dos perdidos nos porões de uma feira estúpida, *shopping* center, prefiro *shopping*-jaula, e eu, no instante, jacaré fora da lagoa, senti saudades das antigas ruas de comércio, onde se podia caminhar até a loja de armarinhos de Seu Jacó. "Como vai, mamãe, vai levar alfinetes?"

As fichas dos policiais caindo em um reservatório qualquer, e eu, pato fora da água, o laranja dos acontecimentos não pedidos. O encontro com a gata transformado em patíbulo dos intrometidos. Vivia o mesmo que os inocentes condenados à morte em seus últimos momentos; eu também habitava uma tela de Dalí, era um daqueles relógios de memória derretida. Havia algo estranho no meu esôfago, que se mexia para cima e para baixo, dor... Eu tinha visto os assassinos; vontade de vomitar a memória. Era testemunha do assassinato. Tudo o que eu nunca desejei ser: testemunha, sempre escapuli de testemunhar Jeová. Encontrava-me enovelado em histórias. Só queria comer aquela gostosa.

Qual o pecado em cobiçar uma fêmea?

Acompanhei os tiras até a delegacia de Pinheiros, comprimido entre dois grandalhões no banco traseiro da Blazer, que cheirava a cachaça, suor e sangue. Gostei dessas três palavras que deveriam centrar-se na bandeira nacional: cachaça, suor e sangue. Entrei no distrito policial, sentei-me no banco de madeira entre putas, bêbados e batedores de carteira, que olhavam de um jeito caiado que se confundia com a pintura. Procurei por Teju Cole, onde estaria aquele meu amigo nigeriano perdido em Nova Iorque? Estaria em algum *outlet* aproveitando a liquidação do dia do cachorro louco? Não! Teju é inteligente, não perde tempo andando por entre vitrines. Com ele, recordei que a pobreza da vida em Magdeburg era tão drástica quanto *shoppinico* da Flórida ou de Osasco. Continuava sentado no banco duro de madeira suja.

5

Passos arrastados anunciando o funcionário público quase chegando. Seria corrupto? Eu não tenho um puto! O escrivão, barba por fazer, barrigudinho, cabelos gordurosos viajando para os lados, camisa branca amarelada, olhos de névoa negra, pupilas dilatadas, carregava em um copo plástico o café amanhecido, gosto de café americano, a colher girava, girava, girava, misturando aquilo. Parecia drogado, arrastava-se como se usasse pantufas, sentou-se à frente do computador engordurado, à luz uma aranha pendia do fio balançante. O escrivão sentou-se arrastando a velha cadeira de madeira incômoda. Dedilhava sem me olhar, o teclado repetindo o cotidiano. *Tec, tec, tec, tec,* sem vontade. Sorvia café sem gosto. O som conduziu-me à minha velha companheira máquina de escrever Royal, produtora dos primeiros escritos autistas. Lá, nós dois, a máquina e eu, vivíamos a nossa vida de escape, éramos, naqueles instantes, entre linhas e parágrafos, clandestinos de nossas histórias. Vivíamos deixando para a lata de lixo os excrementos que tentavam colocar em minha cabeça. Não acredito em um Deus que escolheu uma garotinha virgem, não creio nessa história de um Deus judeu preconceituoso, demasiadamente humano em suas fraquezas. Pobre de Deus. Qual o princípio da realidade religiosa? Sexofobia.

A vida de delegacia acelera a saída da alma, organismo desalmado. O dia a dia do berne querendo escapar da armadilha, igual aos insonsos tentando despertar com café. De repente, desponta a cabeça da larva, transubstanciação. Aleluia! O escrivão tinha maneiras kardecistas, não apenas reveladas pela verruga peluda no queixo em forma de aranha que tentava adentrar ao corpo. Era um daqueles clássicos funcionários zumbis que falam com vivos-mortos e mortos-vivos. O olhar esguelhado em procura que justifique um além, ou arrepio. O que fui em outra encadernação? Não tinha dúvidas de que fora Deus.

Tec, tec, tec, tec, tec, tec ruidosos aos poucos se transformavam em música de igreja embolorada e conduziam-me a memórias de uma infância católica triste, melancolicamente religiosa. Pensava que nunca cresceríamos, pois carregamos a infância algoz dentro de nós, escondida e nos conduzindo, atrelando suas mágoas e sofrimentos continuamente, somos escravos do vivido. Somos um saco de plástico de sofrimento; assim, o catolicismo e afins condicionam o homem criança. Pensava em Zaratustra, o que teria sido de mim se não existisse Nietzsche. Fala, Zaratustra!

"Nome?". "Baruch". "Sobrenome?". "Silva, Baruch da Silva". "Nome do pai?". "Nome da mãe?". "Data de nascimento?". "RG?". "CPF?". "Estado Civil?". "Apaga. Estado Civil?". E as digitais surgiam. "Como foi que aconteceu? Conte sua história". Repeti, recontei, repeti, recontei, repeti. Ecos, ecos. *Tec, tec, tec, tec...* Havia instantes em que duvidava de que o relatado tivesse acontecido. Apercebia-me beliscando meus braços, sentia dor, não acordava. Não, não tomei Rivotril®, 2 mg, 4 vezes ao dia. Não era sonho dormido, sonhava acordado. "Não, não vi o rosto! Não sei a altura deles, nem se eram gordos ou magros. Juro! Não sei. Não sei, não sei! Estavam distantes. Não sei se eram brancos, negros, marrons, palestinos ou israelenses! Nunca havia presenciado assassinos chegarem para o ritual. Pareciam chacais, andavam como chacais, andavam como as teclas que o senhor tecla. Como sei que eram chacais? Às tardes, assisto ao National Geographic, o senhor assiste?".

"Cale a boca!". *Tec, tec, tec...*

Olhou-me por sobre os aros das lentes, e seus lábios finos ficaram mais finos. Recordei Bassani em "Os aros de ouro". Não! Não sou bicha enrustida, muito menos médico otorrinolaringologista. Gosto de mulher cheirosinha. Somente no Discovery Channel vi leoas balançantes aproximando-se das zebras para se alimentarem. Chacais eram diferentes, articulações duras sem molejo. Nunca imaginei que fosse possível matar pelo prazer de criar o nada. Nunca mais aquela pessoa deitada no chão imundo zumbirá pelo *shoppinico*. Não sabia quem sou, apenas "defuntou" no estacionamento do *shopping*-jaula sujo, fétido, mal iluminado, câmeras de seguranças. Seguranças? Nos andares acima das nossas cabeças, pessoas comprando ilusões, encontrando amantes e tomando cafés escolhiam a sapatilha dourada ou o tênis da moda. As pessoas do andar de cima diferiam do cadáver do andar de baixo? Em qual vida? *Tec, tec, tec...* As batidas dos saltos altíssimos vermelhos. Qual o nome do estilista da meia sola vermelha?

Vermelho, a cor que me perseguia.

– Não, nunca me droguei! Nunca comprei drogas. Não, não faço parte desse mundo. Uma vez um médico me receitou clonazepam.

– Todo mundo toma clonazepam nesta merda de país. Quem não precisa de clonazepam neste país de merda? É ouvir um político começar a falar e lá vai Rivotril®.

Silêncio. *Tec, tec, tec,* ponto final. Chacais? Quem me dera vomitar a memória.

– O que estava fazendo no *shopping*?

– O que, porra, alguém faz num *shopping*? Procurando vitrines, preços, tomando café, indo ao banheiro. Isso que fazia.

– E aquela mulher com você no *shopping*?

– Que mulher?

– Oh, saco! A mulher que estava com você no *shopping*, quem é?

– Não paquerei mulher nenhuma no *shopping*.

Não sentia culpa em navegar através do meu desejo. Queria aquela linda mulher, desejava fazer-nos um só, queria sua pele macia, suas coxas redondas, sua boca confundida na minha. Recordava lacanagem: "a única coisa da qual o homem poderia se sentir culpado é de ter cedido a seu desejo". Meu Deus, imagine não ceder ao desejo! Culpado? Isso é coisa de pastor evangélico ou católico. O chicote da culpa amansando testosterona, criando rebanho de ovelhas, assassinando leões.

– É melhor você não mentir, porra! As câmeras revelaram que você estava com uma mulher o tempo todo, e você com cara de Romeu. Quem era a mulher?

– Julieta, paquera rotineira.

– Paquera rotineira? O que é isso?

– Vai me dizer que você nunca xavecou uma gostosa no *shopping*? Eu estava procurando uma malha e um tênis. Procurava nas lojas quando esbarrei na vitrine e ao meu lado aquela linda mulher. Deus deve tê-la colocado ali. E comecei a fazer perguntas cretinas. Que os preços estavam muito caros, que era tudo mais barato em Miami. Que isso e que aquilo. Ela foi respondendo. Deu pisca-pisca, o sinal não estava fechado. Segui em frente. Olhei para as pernas, meu Deus, que pernas! A cintura fina de quem sabe. E o nariz atrevido. A boca... Ah! A boca. Continuei paquerando. Ela desenrolando papo. Sentamos no café, pedi dois cafés, água mineral com gás e pão de queijo. Ela aceitou. Sentamo-nos e começamos a trocar simplicidades.

Simplicidades vermelhas.

Não, não agi como Kant frente à mulher escolhida. O filósofo fez as contas bancárias de sua vida de professor mal remunerado, refez as contas e constatou que não poderia oferecer seu corpo à jovem. Razão impura e sem crítica. Foi até a sua amada e confessou seu desejo de ruptura. Ela chorou, chorou e chorou. Até hoje, ele não entendeu as lágrimas. Eu não sou kantiano. Ou será que acreditam que vamos ao *shoppinico* vestidos de cilício?

Shopping de lojas âncora. Onde ancoram, em que praia? No rabo do povo. Âncoras ou *dumping*? Manuseiam cartéis, compram aos quilômetros e vendem em centímetros. Promotoras das crianças escravas do mundo miserável. Da China, como exemplo, partem centenas de milhares de cargueiros entulhados de merda *fashion* ou luxo. *Shoppinico*, o depositário da merda capitalista. Lá, as âncoras ancoram e não se movem. Querem mais lojas, mais lojas, mais lojas; mais *money*, dólares, dinheiro, dinheiro e dinheiro. *Shoppinico*, o penico da diarreia escrava cotidiana.

– Cara, você vai dar trabalho. Você não conheceu essa mulher no *shopping*. As câmeras mostram sua carinha de encontro da não primeira vez.

– Foi a primeira vez.

– O nome dela?

– Ela disse se chamar Andréa, e que era psicóloga, doutora pela Sorbonne. Que dava aula em faculdade, que estudava Winnicot, que atendia adultos em seu consultório. O senhor já leu Winnicot?

– Orra! Ela te deu toda a ficha?

– Ficamos horas juntos, acho que do momento em que a encontrei até a hora que desci para apanhar meu carro alugado, umas 5 horas. Simplicidades azuis apenas.

– Vermelhas! Romeu, você é um cara de pau! Você vai se enrolar cada vez mais, é melhor contar toda a verdade.

– Quero chamar meu advogado. Não falarei mais nada.

Permaneci sentado, vivendo madrugada, café frio, cochilando, cafetões, tiras mal encarados barbudos, armas. Queria estar junto a Teju Cole, tenho certeza de que ele compreenderia. Não fiz papel de órfão desamparado, não tinha tempo para isso.

Amanheceu.

Na porta da delegacia, entrou um cara esfaqueado, pingava vermelho simples. Não pintava rosas no chão, desenhava cravos mortuários, ao fundo azulejos desgastados das dores vividas.

– Quero falar com meu advogado.

– Não é preciso, malandro, pode ir embora... Estamos de olho em você!

Saí em direção à padaria em frente à delegacia, lugar de dondocas, aposentados, *gays*, mulheres solitárias e profissionais, todas coloridas a cheiro de café. Pedi bauru, café duplo, água mineral com gás, fatia de bolo de laranja com calda e outro café. Olhava para os casais atrelados aos cachorrinhos que não existiam quando eu era criança; naqueles meus tempos, havia o Lulu e aquele cachorrinho japonês, pequinês, o prognata invocado. Sentei à mesa, pedi o jornal, padaria lotada, alguns com olhares pedintes de meu lugar, ignorei. Havia uma grávida esperando lugar, calculei que deveria estar entre o terceiro ou quarto mês de gravidez, então ainda dava para ela ficar em pé. Abri o jornal e li. Página policial e nenhuma nota sobre o acontecido no *shoppinico*. Estranhei. Tiroteio naquele espaço capitalista e nenhuma frase? Senti desconforto, aperto na garganta e nó na boca do estômago, e não gostei dessas sinalizações. Não conseguia vomitar a memória. Ah! Se tivesse conhecido Eric Kandel, ligaria para ele, sem dúvida saberia um jeitinho especial de me desvencilhar da minha memória. Será que ajudaria? O senhor tem detergente de proteína-memória?

Padaria de casais repetitivos, periguetes sem calcinhas, periguetes com calcinhas, noturnas com grisalhos, grisalhas abandonadas com bombados, Rolex® brilhantes, unhas vermelhas, olhares à procura de um gesto (mesmo que mudo), cachorrinho amarrado ao poste em ataque de pânico, olhares depressivos procurando, procurando, resta latir. Tango *brasileño* ofegante. Quem mandou casar com o ricaço? A mamãe frustrada geralmente aconselha a desventura das finanças matrimoniais. Filha assustada, grana dependente, deprimida e mantida em sopa de fluoxetina pelo Professor Titular, alternando com empadinhas de paroxetina. É mais fácil trocar de sais. Passei as mãos em meu rosto, barba indicava cansaço, cheirava gente, sentia a prisão em cada parte. Olhei em direção à delegacia e aos carros policiais calmos, diferentes dos carros fúnebres estacionados no *shoppinico*. Não havia pássaros na delegacia, apenas gaiolas. Havia semelhança entre *shoppinico* e a delegacia funerária.

Navegava no cheiro de café quando um Jaguar arrogante estacionou em frente à delegacia. Desceram seguranças bem-vestidos, falsamente educados e, da porta traseira, saíram um homem a cheiro recente, face de hipopótamo, e, ao seu lado, Andréa. Queria esconder-me. Ela olhou-me qual psicanalista fingindo não ver. Os duplos dos psicanalistas disfarçam-se em cavanhaques freudianos, todos se escondem sob a semelhança ao mestre. Plágio. Bando de clones a procura de um desejo não obtido. O duplo do mestre Freud encontrava-se no hotel em Maloja, recanto suíço, comendo a cunhadinha. Acredito que não, apenas acompanhou o aborto reproduzido em milagre de São Genaro.

Qual seria o duplo de Andréa? Mulher saudável? Daí ser boa profissional. Psicanalista que não agarra o macho ou fêmea cobiçado interpretando qual padre? Exalando regras conventinas? Qual seria a linha da Andréa: a das que falam ou das que não falam? Senti mais medo. Dirigiram-se para o interior da delegacia. Paguei a conta da padaria sem esperar o troco e corri. Minhas pernas percorriam a Rebouças em direção à cidade, sei lá por que escolhi esse caminho (provavelmente porque era descida), corria para minha cama. A memória não vomitada me acompanhava. Ela tinha que ser psicanalista! Acho que, no fundo, bem no fundo, era junguiana nascida em peixes com ascendente em peixes. Eu estava navegando na paranoia líquida entre hidráulicos desejos. Corria célere ao meu aquário.

SMS

Moça bonita,

Precisava encontrar seu nome. Jamais seria Eva.

Inicialmente, brotou Abelardo e você, Heloísa.

Seria muito fácil para nós, embuste imperfeito, ou um duplo comestível.

Mas não nasci em Palasi, não conheço a Bretanha. E você não se veste das origens simples de Heloísa. Apenas a beleza estonteante.

Prefiro vê-la Babilônia.

E, eu, um duplo manso de Marte.

Espero que aprove o batismo.

SMS

Babilônia é anteprojeto de tudo que é prazer proibido.

Marte? Você não me parece soldado, está mais para poeta.

Poeta?

Babilônia

SMS

Babilônia,

Fiquei em dúvida:

a. Qual a sua linha?

b. Devo chamá-la doutora?

c. Gosta de noite chuvosa?

Porém, aqui dessa cela – estou na cadeia, caso ainda não saiba –, por ter visto coisas que não queria ter visto. A cegueira é filha da sorte?

Ouvi o tiroteio no estacionamento do *shoppinico*. Ao me levantar do piso, parecia pelicano vestido de petróleo. A alma do *shoppinico* é viscosa, falsa, suja.

Sempre falta uma rolha. Minha avó diria: "Falta outra volta do parafuso, pergunte ao James. A outra volta do parafuso."

Aqui, na cela, além de analfabetos e pardos, há mais um inocente, porém excêntrico, pois sou branco.

Do que sou acusado?

Qual o crime?

Sou incriminado pela tentativa de esvaziamento darwiniano da próstata. Sou um fodedor, igual a todos os presidentes das repúblicas. Lembra-se de Bill e Berlusconi?

Ou sou acusado de ter ouvido um crime?

Estou com medo de ser assassinado por algo que não sei. Com toda certeza, não será por causa da próstata e anexos.

A outra coisa macambúzia que vi em você: sua imagem se fez entre colunas da padaria, junto àquele hipopótamo.

Por que todos os excelentes advogados têm face hipopotária? Já se perguntou? O seu representante é bom, muito bom.

Entre o intervalo da mijada e da balançada, antes de o pingo cair no chão, sempre não cai em outro lugar... Você estava aparente, livre e solta.

Caso me matem, incinere meu corpinho, carne de segunda, músculo com orégano.

Uma homenagem à única coisa que amei: ser amante com tempero.

É labiríntico o processo de encontro... Primeiro o tesão, depois o tesão e agora as dúvidas de sobrevivência.

Quem somos nós?

Duplos afoitos?

Outro?

Você é perseguida pelo *iCloud*? Mesquinhez navegando no mar insólito das relações humanas! Não, não perdi as esperanças, aliás, pois não as devotei em atenção ou orações.

O destino é incontrolável, irreversível, aleatório.

E pessoas usando o *iCloud*!

Esperando surpreender o sabido e conhecido.

O desamor do perseguidor é notável, o personagem ama somente a si mesmo, o outro importante é o espelho.

Espelho, espelho meu, há alguém mais belo do que eu?

Namoramos o duplo, noivamos o duplo e, para finalizar a loucura, casamos duplo. Para que *iCloud*? O duplo não cessa de espionar, mesmo morto.

Marte

SMS

Petit Marte,

a. Saio da linha.

b. Em outra encarnação, gostaria de nascer lençóis. Quando os vejo amarrotados sobre a cama, vejo duplo, o carinho das dobras, o calor do corpo está neles.

Curto cada ponto deles. Afeiçoo-me, toco, sinto prazer, excito, quero.

c. Poderemos vir a ser amigos? Preferia subterrâneo. Com ou sem chuva. Não podemos descartar neve.

Um dia, pequeno Picapau, adoeceremos. Eu e meu corpo.

Curtirei a memória do vivido. Não o transformarei em inimigo silencioso que, na calada da vida, me apunhalará com um tumor.

Não temo a morte, pois vivo eternamente cada momento.

Vivo a curta vida que nos foi ofertada pela natureza.

Não quero envelhecer em falta comigo mesma.

A melancolia é o pior dos cânceres dos que não conseguiram viver por si mesmos.

Sou da linha da vida.

Crer no instinto de morte? Somente para os fanáticos ou religiosos ou ortodoxos. Frutos e produtores da outra vida prazerosa. Instinto de morte se choca contra o Universo que, às vezes, nos contempla. O instinto de morte é uma criação propagandística: com a única finalidade do freudismo ser aceito pela sociedade burguesa religiosa. O princípio de realidade anda de mãos dadas: princípio da realidade compulsiva, religiosa e *shopping*-sacana.

Quero e usufruo do prazer nessa vida absurda no aqui e agora.

Não tenho repugnância por nenhuma parte do meu corpo.

Nem do outro escolhido.

Curto, curtirei, curti...

Linha do corpo em vida.

Quando estiver morrendo, tenho certeza de que a paranoia da perseguição do próprio corpo naturalmente doente não me perseguirá.

Meu duplo assassino não terá sua vez sádica.

Viverei o outro.

Estará morto pelo meu vivido.

Olhar-nos-emos um para o outro em sintonia como em vida.

E riremos da eternidade da memória vivida.

Sou uma eterna criança em busca de curiosidade, amor.

Não sofro de repugnância, muito menos de fobia.

Ao adoecer, não afastarei o cálice, respeitarei o processo de vida.

Beijo lambuzado,

Babilônia

CAPÍTULO 2

Milagres insuspeitos

Ela sentou-se à poltrona, púbis incitando, escola Sharon. Pernas balança-vam imagens, escorregavam-se pezinhos desenhando desejos.

– Sra. Andréa, aceita água mineral com gás ou sem? Café expresso ita-liano? Por favor, tragam imediatamente.

– Desculpe o incômodo, sra. Andréa. Aliás, como vai o papai, quero dizer, o sr. ministro?

– Vai bem e enviou saudações, e pediu que ligasse para ele assim que terminasse seu trabalho.

Abriu sua Prada, retirou de dentro um envelope amarelo desbotado e entregou ao delegado. As bolsas das mulheres reservam milagres insuspeitos.

– Quanta gentileza, sra. Andréa. Ligarei para o papai imediatamente. Por favor, assine esses papéis... Aqui, nesse pontilhado... Foi seu advogado quem redigiu.

– Pode assinar, Andréa, fui eu mesmo quem escrevi.

– Desculpe, assine mais essa outra folha. Ah! O café chegou.

Sorveram o expresso.

– Foi um prazer conhecê-la. Desculpe o transtorno, mas, por questões burocráticas, foi necessária a sua presença. Obrigado, advogado. Acompa-nho a senhora até a saída.

- Bom dia, foi um prazer.

Jaguar em disparada.

Carlyle acontece em meu socorro: "Soberanos e soberanias morrem: como tudo morre, e é por um tempo só, é um tempo-fantasma, mas se imagina real! Todos os reis merovíngios, lentamente conduzidos pelos seus carros de boi pelas ruas de Paris, com seus cabelos longos e esvoaçantes, dirigiam-se lentamente para a eternidade...".

O Jaguar, carro de bois, carrega pessoas em direção à eternidade. Será que retiraram o cadáver do subsolo do *shoppinico*? Ou ainda esperam pela

17

chegada da polícia técnica? Qual a identidade do cadáver? Era casado? Permanecia em formol a memória, os olhos ardiam. Sono, muito sono. Será o morto um duplo? E o outro?

SMS

Babilônia,

Faltou noite chuvosa.

Gosto de amar sob chuva, mesmo que artificial, a ducha surfa amor, água escorrendo pelo corpo, adentrando escorregadio. Ah! Os cabelos molhados imitando espumas. Os seios pedras molhadas, musgo, pontiagudos, líquidos à vontade.

Recebi os duplos.

Tenho certeza de que o modo de pobreza que Francesco adotou não é *marketing*. Havia um duplo milionário.

Um complexo filho herdeiro milionário que impulsiona o outro Francisco miserável de Deus.

A bandeira de Francisco, pano molhado, torcido, sofrido, alquebrado, rasgado, atrás da porta. Água de amor pobre, suja, fétida, procurando Deus na miséria da vida produzida por homens.

Elegeu a miséria. Limpava a pobreza com água pedinte.

Vivia o dogma da salvação.

Católico, esperança de prazer pós-morte.

Participou ativamente da difusão de que o Reino de Deus se encontra no espaço pós-morte.

Espere, sofra, viva miseravelmente e receberá a riqueza das riquezas divinas! Pós-morte em vida. Viva o prazer moribundo no Reino do lado de lá. Seria o Reino de Deus o duplo daqui?

Prefiro viver o prazer – vida terrestre, entre mares sutis, ondas sensuais, espumas sexuais, abraços quentes. Vivo a vida.

Meu mar entre terras, Mediterrâneo, reflexo em águas da vida, guerra, paz, sobrevivência, lutas e artes. Bandeira da divina natureza humana.

Sigo o lema de Fernand Braudel de que toda mudança é lenta e o homem é prisioneiro de um destino que ele próprio tem pouca voz ativa.

Babilônia, onde está o duplo Troia?

Marte

Baruch, ou Marte, desliga o celular.

Deitado, decúbito dorsal, nu, sexo dependurado em canto esquerdo, os pés peludos de unhas bem feitas, barba por fazer, peito peludo, braços peludos, prova darwiniana. Roçava dúvidas, apalpava o saco, o membro agigantava-se criando vida própria. Pensava ou divagava? O duplo reaparecia despertando a glande. Intumescia sem desculpas. Meditava.

Não havia culpa. A psicóloga Andréa e seu marido habitavam um mesmo palácio de ausência. Rebobinavam reminiscências ao tomarem café adocicado de açúcar, a certa altura de nossas vidas, molhavam-se remorsos no café da manhã, como biscoitos. A glande crescia entre seus dedos, avermelhava, depois arroxeava, grosso, grande, forte, procriador. Não gozaria, apenas apreciaria.

O casal, Andréa e *husband*, partilhava a sociedade escolhida, privilegiava o limite dos copos de forma amofinada. Espaço São Luís, você já comeu os quitutes engraçados de Carlita? Fáceis de fazer e deliciosos, iremos amanhã ao Mozarteum ouvir como surdos; depois, um curso de Antroposofia revisitada na Maison Savoir, título da palestra: "O burguês no globo da morte". O pior era a voracidade, luta contra sobrepeso, glutão pelos olhos, poros, às vezes até pela boca. Ah! Álcool travestido de vinho. Utilizava o endocrinologista do momento, receitas-fórmulas, nutricionistas, diarreias não esperadas. Defecar algumas vezes ao dia para manter a forma. Para quem seria essa forma? Defecava-se em nome da forma, nunca as fezes foram tão apreciadas. Vivia-se de peixes, alfaces, salmonelas e academias de ginásticas. Um uísque e 3 horas de perda de vida, ou exercício. Corre-se para modelar o intransitável. Modelo ou delírio? Toma-se o diarreico diário, prescrito pelo médico *fashion*, adubam-se rios e mares, nutrientes de boa qualidade produzidos em restaurantes de finas estirpes. Depois, o dermatologista *fashion*, agulhadas na face eletrocutada de esperanças. Mais alguns choques elétricos de amperagem segura.

SMS

Marte,

Decidi nomeá-lo "querido".

Não era Babilônia quem estava com o hipopótamo. Era outra.

Aliás, a profusão de oxigenadas nesse país colonizado, *blonds* – mulheres, o duplo habitava. A outra era Troia.

Às vezes, me confundo se meu duplo é a psicanalista ou a amante.

Você me ajudaria a desvendar? Acredito que não se atreveria.

Todas as mulheres aparentemente iguais. Às vezes, tenho certeza de que são. Eu não me oxigeno, detesto sobreposição de cores.

Sou monocolor.

Mas, como eu, todas se dizem diferentes, aliás, muito diferentes nas semelhanças.

Acho-te esperto, não sei se inteligente. E gostoso.

Sua carne de segunda é boa.

No momento não necessito de córtex.

Quanto ao fato de os advogados excelentes serem parecidos com hipopótamos, isso se deve a vários fatores. O primeiro é que se assemelham a porcos. Comem lavagem.

Todo advogado de sucesso come lavagem.

O segundo é que são aparentemente dóceis, até o instante em que abrem a boca.

E o que vemos?

Uma boca maior do que o corpo.

Você já viu advogado de sucesso de boca pequena?

Consultei Dona Jô, minha clarividente de plantão. Se até ex-presidente e senhora tinham bruxa, por que eu não? Ela me disse que o nó desfeito acontecerá entre a lua minguante e a próxima.

Até lá, continue se exercitando.

Assim que resolver sair da jaulinha, me envie SMS.

Adoro primatas famintos.

Ah, ia esquecendo, meu papai, além de ministro, é advogado... Uma mistura ou cruzamento de hipopótamo com porco? Mesma família.

Não sou menina má. Não sou Electra. Sou apenas mais uma filha de político- -advogado-milionário honesto, muito honesto. Impoluto?

Eu solitária, cindida sem *script* ou religião.

Você é religioso?

Quem não é?

Temos deuses para todos os tipos, deus Freud, deus Marx, Deus judeu, Deus islâmico, Deus cristão...

É trágico, se não risonho, o desespero humano.

Babilônia

SMS

Babilônia,

Escravo da luxúria ou do medo?

Aqui, Marte em cana, e você se definindo pela cor dos pentelhos!

Iguais em ousadia e caráter...

Mas o que sou?

Um cacete?

Por que não?

Mas era você com o advogado hipopótamo. Tenho certeza! Posso ser de segunda, mas não idiota. Privilegio o córtex. Não era o seu duplo. Entre nós, ainda não surgiu. Surgirá?

Sem outras máscaras. O Jaguar é do papai ou do advogado, ou de sócios?

Aliás, vivemos em uma República Consórcio.

Multiplicidades de ganhos sem investimentos.

Negócio da China? Não, do nosso querido Brasil!

Quem não é religioso?

Meu Deus no momento é você.

Quando adentro você, vejo deuses sem faces. Apenas gementes de prazeres.

Marte

Alarme: você não tem nada com isso, mas sinto minha vida alterada para sempre. São encontros transformativos. Sem nada de mais, afinal a vida se altera de momentos em momentos inesperados. São fundantes. Somente advogados não mudam, geralmente morrem advogados. Quando te senti, compreendi que algo de estranho havia me invadido, mais poderoso que vírus, sem cura.

SMS

Marte romântico?

Ou romântico o seu duplo?

Prefiro o outro.

Detesto românticos. Romantismos.

A primeira imagem é da mulher no leito de morte, pálida, escarrando sangue. Tuberculose era o nome da flecha envenenada por cupido.

A boceta vazia, o pulmão cheio de sangue, faltando ar, morrendo lentamente à espera de um cacete que nunca chegou.

Romantismo é criação bíblica.

O primeiro romance pertence à história semítica. Novela interminável de contos que se entrelaçam entre si, gerando mais ódios que amores.

Adão, a Eva da costela, a cobra. O triângulo perene. A cobra? O duplo de Eva e Adão.

Os homens, enquanto isso, trepam enlouquecidos com as putas.

Prefiro putos.

Marte guerreiro de putaria e força.

Babilônia de Troia

SMS

As religiões são escudos criados frente à fantasia ininterrupta.

A doença, a morte, a perda, o ganho... Tudo é religioso.

Orgasmo é religioso. Da Vinci é religioso.

Os menos religiosos são os religiosos que se travestem de instrumentos de Deus.

Paranoicos? Sempre perseguidos por um Deus que tudo vê e cobra em palavras, gestos e pensamentos. Não há escape, a única possibilidade é a paranoia.

Ou simplesmente modestos? Religioso não rima com modéstia.

O número não cabe, nem serve.

Marte

CAPÍTULO 3

Fumaça circulando língua

O delegado mastigava enquanto balbuciava ao telefone, olhando para a escrivaninha recoberta de fotos de algum portal, utopia em temas preferidos. Porta fechada, ventilador estirado rangendo, ar quente de borboleta drogada, janelas sem horizonte.

– Senhor ministro, tomarei as providências necessárias. Fique tranquilo. O cara é laranja, mas viu muito. O que fazer? Fique tranquilo. Tranquilo. O cara tem nome esquisito... Não falarei o nome, pode ficar sossegado. Ministro... Há anos trabalho a seu lado... Falhei alguma vez?

Mastigava ar.

– Sim, me desculpe... Sei, sei que essa é diferente, tem mídia, eleições próximas...

Mastigava.

– Muito político calhorda envolvido... Novas quadrilhas... Pois não... Sim.

Mastigava.

- Até logo!

Silêncio. Trabalho sórdido.

O delegado senta-se, esfrega os cabelos esbranquiçados, ajeita-os em desconforto. Os fios brancos não possuem maciez; são rebeldes, duros, ásperos e alopáticos. Usava gel tentando amaciar a velhice, os fios enroscavam-se em seu anel dependurado no dedinho esquerdo, ouro quase amarelado, brilhante, desenhos hieróglifos. Cabelos neves anunciando desmanche. Telefone em silêncio. Admira sua imagem refletida no tampo de vidro da escrivaninha, afrouxa o nó da gravata e observa as pálpebras inchadas. Apalpa-as, sacos de líquido que não conseguiram escapar pela urina ou lágrimas? As unhas das mãos precisam de trato. Manicure, papo de manicure e fodinha caseira. Saco. Dobra o punho da camisa branca, uma, duas, três vezes, desdobra até a terceira dobra, preferência pela segunda dobra. Por que, se prefere até a

25

segunda dobra, enrola até a terceira? Desígnios que talvez somente Deleuze pudesse responder. Sorri, o rosto refletido no vidro revela um homem exausto de si mesmo. Dependurado o terno de cor azul quase preto, jamais listras, liso, alvo sem desenho. Os ternos apresentavam marcas cotidianas de seu trabalho. Ele bate palmas sobre o surrado tecido. Recordava das vestes em Pavese; mulheres vagando nas ruas, maliciosas, vestidas para os olhos, que caminhavam sozinhas. Todas elas trabalhavam para as roupas que vestiam...

– Jeremias! Traga um refrigerante de guaraná e um pedaço de bolo de fubá com calda.

Esfrega com vigor a face, avermelha-se.

– Antonio, venha rápido! Apareceu jacaré!

Delegado e café creme, uma só coisa, baforando fumaça, circulando língua, passa vaga e branda pelos lábios. Imagina-se pescando no lago da infância – tilápias, dourados, cascudos, lambaris, cervejas geladas, ventos abraçando matos. Soninho barulhando águas, arredondando pedras. Via a cena de tantas vezes, anzol mergulhado, vara frouxa entre dedos, balde de cerveja, cachaça branquinha do alambique do Zé Pinga amarrada no barbante, depositada ao fundo do rio, geladinha. Pobre, tinha como destino ser cavaleiro ou padre, virou um policial.

– Foi daí que saí para essa vida. Foi assim que pude, assim que fiz. Não foi melhor nem pior. Aproveitei a oportunidade. De onde saiu o que aconteceria? Minha pobre mãe dizia que não tinha fome, oferecendo sua parte para os muitos irmãos, pai lavrador. Faleceu rápido, foi inteligente e fugiu desse mundo maldito. Fui longe, muito longe de onde vim. Estudei como possível, trabalhando e estudando. Prestei concurso para delegado e passei no exame, jovem inocente de tudo. Trabalhei como quarta-classe no interior de São Paulo, era cidade perdida atrás dos cus do Judas, bem mais cus do que aqueles de António Lobo. Fui obtendo sabedoria, respeito e continuei subindo. Cheguei a delegado-chefe. Sou parte de um sistema não inocente, não interiorano, que pesca tubarão à unha. O nome do anzol é silêncio. O preço é desilusão e depressão. Tenho sempre, quase sempre, vontades más. Vivo duplo. Não existe outra possibilidade, não pertenço à classe dominante capitalista selvagem; antropófagos, desconcertados diante da própria ignorância que desconhecem. Miami é a Meca. O abismo pode ser vencido com cumplicidade dupla, quando duplo.

Toc, toc... As batidas despertam o delegado solilóquio.

– Posso entrar, doutor? – A voz anasalada de Jeremias, velho serviçal arqueado por dores lombares que migram para os braços. – É, doutor, as dores lombares melhoraram depois que parei com a musculação, agora somente alongamento. Foi meu amigo massagista do Palmeiras que me orientou. Mostrou que meus músculos estão menores, com menos fibras, coisas da idade, normal e muito contraído pelo trabalho, estresse... E dispara a dor. Mexendo os ferros, que eu gostava, para cima e para baixo, aumentando a carga, eu ia contraindo mais e mais. Pratiquei em academia de novos ricos. As vértebras, grudadinhas umas às outras, atritavam e a dor disparava para todos os lados. Não tomo remédio, que é para não viciar, e faço acupuntura com um médico chinês, o mestre Rongui. O doutor deveria ir lá, de vez em quando, aliviar o estresse. Algumas picadinhas, que quase não se sente, e depois vem um soninho, acorda outro. Aqui está o guaraná geladinho e o pedaço de bolo de laranja com calda. Fresquinho. Não tinha de fubá. O sr. Álvaro, da padaria, disse que é cortesia da casa. Gente fina, sr. Álvaro.

– Agradeça a ele, e obrigado, Jeremias.

– Posso me retirar, doutor?

– À vontade, Jeremias. Ah, escreva para mim o endereço do médico chinês.

– Pra já!

Jeremias e Antonio cruzam-se na porta.

– Café, Antonio?

– Obrigado, Jeremias.

– Com leite?

– Sim, com leite.

– Já trago. Essa úlcera é um vulcão que expele babas quentes. Sinto na boca o gosto ácido. Apago com leite.

– O vulcão se apaga com ácido clorídrico diluído em água! Santo remédio!

– Doutor! De médico e louco!

– Pois é, Antonio, a caixa de Pandora foi aberta. O rio transbordando, comportas abrindo. A maré sobe rápida, volumosa, fria, sem memória, arrastando o que há pelas bordas. Tem esse cara que foi pego com Andréa. Averigue o cara. Não desgrude. É estranho, pois tem tudo para parecer inocente, inocente demais. Não gosto de pessoas de bundas limpas... Todos têm um cuzinho sujinho em algum lado, no mínimo, hemorroidas. Os limpinhos, bem barbeados, não adúlteros, honestos... Medo, muito medo...

– E Andréa?

– Eu cuido dela. Quer café?

– Jeremias, traga dois cafés.

– Andréa?

– Filha do ministro, casada com o herdeiro, psicóloga, os dois filhos não têm a cara do pai. Mas o que fazer? Análise?

O silêncio abortou ovo de tartaruga.

O escritório do delegado lembrava *bunker*: paredes forradas de arquivos de aço antigo, cor musgo decomposto. Ao lado do computador, uma máquina de escrever Royal, com folha branca aprisionada à espreita. A folha pálida aguardava as pancadas, olhava para ele, geralmente cruel, desafiava, depois, no final, cedia. Cadeira móvel de madeira, escrivaninha de cedro amaciada pelo uso. O piso de taco ipê trincado pelos passos que desenhavam estrelas apagadas. Pregado no centro da parede um crucifixo de peroba rosinha, com um Jesus sofrido, lembrava um palestino camponês quase preto, cabelos encaracolados pixains, avermelhados pelo sangue de uma coroa infligida e pedaço de pano manchado cobrindo intimidades, umbigo bem-feito, corpo em forma de barril, baixinho, gorducho, humano. Um judeu-palestino, o diafragma elevando-se em sufoco, um rasgo do lado direito pingando líquido, morto. "Pai, por que me abandonaste órfão?". Todos os dias são dias de julgamento. Somente a razão temporal do homem coloca o juízo no final; o julgamento é atemporal. Na parede oposta ao martírio da cruz de um Filho de Deus assassinado, havia um cabideiro de jacarandá da Bahia, com anzóis de bronze, que suportavam boné, cartucheiras carregadas, pente de bala e paletó. Ao lado, a parede preenchida por um retrato de Walt Whitman barbudo, desvelado em olhar perdido, sentado, vestindo roupa quente bruta, foto de um homem mais jovem, talvez o próprio Walt; atrás, a escrivaninha recheada de livros desalinhavados. Folhas de relva. Havia ligação entre os versos da natureza com a matança do Filho. Poeta que buscava Deus nos pastos, flores e relvas. Encontrou seu Deus nas rimas. "Ó, morte, cubro-a toda de rosas e lírios em botão." Duplos em bailado, girando de Deus morto à cartucheira à espera de outro morto.

O delegado Onofre Souza Di Salpetrière, assim nomeado pelo avô, que ensinava as origens familiares que pertencia às regiões da França, embora nunca tenha mencionado quais: "Sendo da França, tudo é nobre", ria o velho avô.

Tinha um pequeno sítio, onde conseguia o sustento da família e sobrava para vender um pouco, o suficiente para não correr o risco de se transformar em mais um milionário. "Todo milionário carrega a saga da inveja, olho gordo perpétuo, e o pior dos males: necessita aparecer milionário. As mulheres do milionário amam o quê?".

O avô de Onofre chamava-se João da Terra Di Salpetrière, plantador de feijão e criador de porcos. Os focinhos róseos, chufando e comendo abóboras, dependuravam-se em presuntos defumados, linguiças, gordura do dia a dia. Onofre recordava-se dos tempos de menino de bicho do pé, correndo entre porcos e leitoas; sol batendo na vida das simplicidades. À noite, ao lado do avô, ouvia histórias de Napoleão. Havia mistura de irrealidades; momentos em que vovô se revestia de general francês da última batalha.

– Ah, se tivessem me escutado! A direção do mundo seria outra, e não estaria refugiado no sítio do Amor Picado!

Onofre nunca soube o limite entre a realidade e a fantasia do avô. Optou por crer. Era o momento em que neto retirava o copo de vinho das mãos adormecidas e o conduzia ao leito. Onofre ouvia carinho, "Deixe seu avô descansar. Amanhã trabalho duro pela frente. Vamos dormir". Onofre deitava-se entre os roncos do avô e o silêncio suíno – paz inesquecível do sítio do Amor Picado. Vovó deitava-se ao seu lado e dormiam o sono imaculado. Pela manhã, despertavam ao rugido das vacas pedindo alívio. Água gelada no rosto, pão de milho, leite quente, café forte, manteiga e pedaço de linguiça. Onofre seguia o avô trabalho afora. Malhada, ao vê-lo na escuridão lunar, mugia diferente e o leite batia espumante no fundo do balde. O avô ria enquanto Onofre recolhia ovos caipiras e eles cuidavam dos pintinhos; os patos mergulhavam na lagoinha ao lado, mangueira espreguiçava, os gansos espreitavam desde Julio Cesar, as folhas beijavam o vento anunciando o dia. O sol surgia sem pedir licença, e invadia calor. As nuvens desenhavam céus construindo poesias. Os poetas aconteciam na cabeça de vovô declamando Baudelaire, "As flores não são do mal" acompanhavam voos dos pássaros. Havia uma mistura não rara, apenas o duplo, o simples camponês com devoção poética. No fim da tarde, o cravo de vovó dedilhava Bach, acompanhando o sol que se acomodava ao lado. A lua aguardava sonata para surgir. Omelete com cebolinha, alho picadinho, pedaços de carne miúda de porco, sal, pimenta, orégano, acompanhados de polenta. Xícara de café com leite. Depois, histórias de Napoleão e generalato e o vinho, curtido há décadas, acompanhava sonhos livres.

O delegado velejava em pensamentos, a bombordo, aguardando sereno o fiel Antonio. Tomaram café. O delegado retirou a automática colada ao peito, descarregou-a sobre a mesa, olhando a máquina de fabricar defuntos, e começou a limpá-la. O dedilhar aconselhava respeito. Estilista da morte, elegia as balas como se elegem diamantes, vagarosamente, balanceadas, sem desvios de rotas, as pontas uniformes ao corte do vento na perfuração do corpo. Revivia o militar de Napoleão em serviço, temia Waterloo; vira o quanto sofrera na derrota seu avô. Até o último momento, "Ah, se tivessem me ouvido! A França seria diferente e eu não estaria por aqui!". Mas a quem mais temia era Joseph Fouché, duque de Otranto. Qual o duplo de Fouché? Quem seria o Fouché brasileiro?

– Antonio, contate Assis. O caldo azedando, estamos cercados. Sinto a história complicada pela primeira vez. Brasília quer urgência, está apavorada. As comportas cedendo. Não sei, não sei... Mas temos que eliminar peões.

O tambor girando livre pelas mãos do delegado, som de harpa afinada, limpa. Antonio observava calmo, o tambor rodava em si menor. Jeremias bateu a porta. "Entre, Jeremias!". O café foi servido. Conheciam a mudança de clima, nuvens avizinhavam-se negras, agir rápido sem pistas acontecendo. Tinham receios. Quem seria o cara? O leopardo mimetizado entre matos, de tão próximo, não o vemos. Sempre próximo.

– Alguém inteligente e frio nos estuda há muito tempo. Tem dedicação desmedida. Tem, além de dinheiro, vingança. Tenho dúvidas se é único ou grupo... Eu sinto isso – falava entre dentes o delegado.

Jeremias e Antonio se entreolhavam, o pomo de Adão de Antonio evoluía pausadamente, o que acontecia quando se sentia pressionado. Coreografava pendular, rítmico, subindo e descendo, às vezes, um ligeiro contraponto, tremulava. Antonio trabalhava com Onofre desde quando eles eram jovens policiais. Começou o trabalho em terra de peixe nobre. Tardes quentes de pouco trabalho, nenhum homicídio, apenas o enfadonho de brigas carnavalescas, arruaças na casa da dona Hermínia – velho reduto em que os casados finalmente trepavam. Onofre e Antonio equilibravam a testosterona jovem, conheciam dama Hermínia, senhora loira cuidadora das meninas. "Todas educadas, limpinhas, não admito em minha casa rampeiras. Já fiz muito casamento com fazendeiros de todo Brasil". "Gente de fina estampa, os filhos das putas!", pensou Antonio, sacolejando o diafragma.

Antonio, escudeiro de Onofre, havia se casado com Amélia, proprietária do mais extraordinário cu de toda a região. Conhecida na intimidade por Meiga Amélia. Gozava alto uma, duas, três vezes indispensáveis. Milagreira Amélia oferecia o escurinho das entranhas. Antonio dizia a todos que podiam ouvir: "Espetáculo!".

Depois, foi acontecendo a posse, a territorialidade, mais tarde, o ciúme e inevitavelmente, a tragédia, o casamento enfisematoso. Nesse período entre defesa de território e tentativas de invasores, Antonio mandou para o inferno o intrometido Rubinho, que desejava o inigualável rabo de Amélia Meiga. "De hoje diante, tem um só dono, tome essa azeitona para esquecer. O orifício nunca mais repartido. Acabou-se! Amélia deixou de ser melancia, não se divide mais!".

E, assim, foi para os céus o alegre Rubinho, mascate de profissão, sendo seu verdadeiro nome Abdul Bin Abdulla, turco legítimo da Síria, que vendia a prestação para as meninas de dona Hermínia (a última prestação paga em serviços rápidos). Não soube se retirar a tempo, então foi retirado. Não houve velório, nem missa, nem reza. Ninguém falou, todos amavam Amélia e invejavam o amor dela com Antonio. O delegado limpou os autos, arquivou o processo. "O assassinato foi legítima defesa de honra, turco-sírio não respeitou a propriedade de Antonio, sua legítima esposa inesquecível Amélia. Rubinho desejava possuí-la sem permissão legal da posse! Antonio fez o que devia e a lei assegura o crime de honra! Caso encerrado", sentenciou o juiz. Comemoram na casa de Hermínia. Ah, esses duplos!

Rubinho ficou sem receber as últimas parcelas dos clientes. Ninguém reclamou seu corpo, e foi enterrado como indigente na parede do lado de lá do campinho sem grama, que fazia canto com o muro do campo santo, local em que os garotos urinavam no intervalo do jogo de futebol. Turco-sírio não soube respeitar as tradições familiares, findou adubado com urina pela eternidade. O cu doce legalizado propriedade do senhor marido e abençoado por Deus. Para Rubinho, sobrou uma lápide escrita a carvão, tome o que é teu!

O casamento de Antonio e Amélia aconteceu na semana seguinte. Ela, de branco cal, entrou na igreja com o delegado, buquê de margarida, acompanhada por todas as meninas da casa de Hermínia vestidas em azul Maria. Ela, adornada com brilhantes: "Conseguidos com meu cu!" – gritava orgulhosa de seu comprometimento. Revelava, em momentos íntimos de champanhe, delicatessens. Antonio esperava, aflito, no altar. Padre Divino Conceição de José e Maria rezou a missa. Abençoou o casal. Nunca viram tantos choros e promessas de felicidade em casamento algum. Na pós-festa, a cidade de Mata de Dentro foi acometida por um temporal que ninguém esqueceu. Entre escuridão, cerveja, churrasco e baião à vontade, bebeu-se o que se valia, comeu-se o indevido, fodeu-se o que podia. Aleluia! Vários namoros foram esquentados naquela festa de casamento e várias meninas de dona Hermínia se casariam grávidas nos meses seguintes. Hermínia, feliz com o destino daquelas coisinhas de sua vida. Iriam desencantar em ótimas mães. Jamais alguma dessas crianças nascidas desconheceu a sorte; foram todas santificadas pelos filhos das putas. Transformavam-se, rápidas, da adolescência burguesa em postulantes vitalícias das Senhoras da Conspiração Católica das Filhas de Maria Virgem.

SMS

Babilônia,

Vivemos apenas mais um instante caótico.

Os corruptos encontram-se espalhados pelos corredores dos palácios. Resta aos fins das tardes, além de álcool, um nada.

A sociedade está em frangalho.

O império ruiu. Nunca se assassinou tanto. Impunes mortos e assassinos. Tenho receio do general aliciado pelo capital primitivo. Haverá repetição?

Muitos, como nós, tentam resolver fodendo. Fodendo. Fodendo. Além da exaustão, resta o cheiro. Fodendo, fodendo, fodendo. O que tentamos aliviar? O que colocamos para fora?

A velha República? A nova? A merda trocada e as moscas imutáveis. Cadáveres eternos.

Morrem inocentes aos borbotões. Aqui e ali. A justificativa pela ordem do econômico. Sinais do fim? Não sou crente, nem fervoroso. Não há um fim, apenas o meio aqui e agora. Apenas uma réstia de vida de um momento. Vivemos somente momentos. Depois o esquecimento. Não relembrado nem visitado. Ainda bem! Qual aquele cadáver posto, plantado no estacionamento do *shoppinico*. Apenas um nada esquecido. Não lembrado. Não há tempo, apenas o momento.

A justificativa fala de medo, muito medo. As moças bonitas do norte e do sul vendidas pelas cafetinas famílias.

Que família? Investe nas bonitinhas e recebe a grana desejada.

PS.: Acho que me aliviarei. Pensando em quem? Rezarei segundo o Evangelho de Dom Quixote.

SMS

Marte,

Tua secura produz Eros desesperado.

Reze nosso Evangelho, lutamos contra moinhos de ventos.

Até o dia em que uma estrela passar ao lado deste grão e congelarmos.

Enquanto isso, rodo o bolero pensando em ti.

O amor é emanação divina.

Legislar sobre o amor é demoníaco.

Impedi-lo é medíocre.

Quanto a nos penetramos mutuamente, sem limite dos corpos, apenas a fluidez do sentir sem recordar é a memória divina que acontece.

Todo gesto de amor, todo amar, são memórias de uma divindade que nos possibilitou vivenciar, viver.

Deus não legislado.

Sem regras que o definam.

Definir Deus é mediocridade característica das instituições religiosas.

Nós nos religamos em amor.

Amo até o fim do tesão. Ver um homem sugando meus mamilos... Me sinto poderosa em relação ao menino que busca força em sua memória.

Sou, além de mãe, o duplo da mãe imaginária. Sou a outra. Meu peito é apenas o duplo da criança que fode.

Eu apenas vivencio o delírio da outra todo-poderosa, gozando na loucura daquele.

A vida vence. O aprendiz de poder sofrerá com o outro aprendiz de poder. O ódio, a mentira e a cobiça são as bases da vida dos que cobiçam mais e mais poder.

A morte triunfa sobre o não entendimento da vida que nos foi dada.

Nada aos reis, aiatolás, presidentes, cardeais e rabinos, que se fantasiam tentando uma ilusão. Querem parecer diferentes, porém o duplo se esconde sob Pierrot ou Colombina. A produção é a do mesmo: o nada. Apenas querelas de superioridades infantis.

A morte nos espreita, sorrindo, carregando um cartaz visível até para os míopes, e, em breve, se anuncia.

Olhe ao redor. Deixe o cadáver do *shoppinico*. Ele não está mais lá. Nunca esteve.
Todos partirão para a continuidade das trocas.

Enquanto isso...

Você não tem nada com isso, mas estou apaixonada por você.

Babilônia

CAPÍTULO 4

Deus Prozac

A afetividade entre Amélia e Antonio aguava em dor de cotovelo. Os amigos do bar da tarde não se atreviam, muito menos, imaginar desde o acontecido ao turco-sírio. Conversavam sobre os descaminhos da igreja e seus padres excitados. Houvera alguns entreveros a respeito, jamais contornado entre a opinião pública que se dividia entre os religiosos pedófilos e os outros.

Palhacinho gritava: "Comedor de criancinha!" todas as vezes que percebia uma batina esvoaçando. "Comedor de criancinha!" era um momento aroeira clerical, havia denúncias em muitos países de que todas as ordens religiosas possuíam um cartel de fodedores de crianças e a igreja tornou-se cúmplice do infanticídio. Assim, definia o bêbado da praça, sobre as atividades pedófilo-eclesiásticas. Esses padres castos duplos! Pela manhã Ave Maria, à noite Lúcifer! "Comedor de criancinha!".

No final da tarde interiorana, Palhacinho, mais alcoólico do que o de costume, ao ver Antonio apressado pela praça, gritou: "Corre, senão não recebe do último cu!". Antonio sacou o longo preto e disparou um único tiro no meio dos olhinhos. Palhacinho nunca mais bebeu. Antonio foi absolvido por crime de honra duplo. No entanto, o episódio virou lenda e cresceu, como crescem as lendas, virou maior que Antonio. Disso, resultou seu pedido de transferência para o Acre. Viveu por lá como polícia de fronteira durante 7 anos e fez fortuna. Tornou-se fazendeiro de gado e outras coisas. Não sabia dizer o tamanho da sua propriedade. "Acho que é umas 3 ou 4 vezes o tamanho da Suíça".

Amélia não podia ter filhos, provavelmente em decorrência das intempéries da profissão, e a castração aconteceu. A infertilidade provocava mais recordações da vida do Cu Doce. Contudo, dessa relembrança e contusões, Amélia foi deprimindo e não saiu mais da cama; um médico roceiro recomendou um professor de Psiquiatria. Um homem reconhecido pelas inúmeras palestras em canais de TVs abertas e fechadas, um sacerdote das me-

37

dicações: adorava especialmente o Deus Prozac: "Aquele que tudo pode e cura! Todos deveriam tomar Prozac", regurgitava o professor. Antonio gastou um rebanho no tratamento! Amélia foi diagnosticada como portadora de transtorno bipolar, timbre diagnóstico do século XXI. Ingeriu inibidores de serotonina, ansiolíticos, estabilizadores de humor, anticonvulsivantes de todas as ordens. Nada acontecia; a dor era de alma, e a Psiquiatria do professor titular especialista em corpo humano, laboratorial farmacêutica. Ela transformou-se em sócia laboratorial.

O pobre professor de Psiquiatria não tinha feito por maldade – sofria do mal das estatísticas e quantificações, e deixou, atrás de alguma porta, o ser humano portador de poetas, dramaturgos supervisionados por Dom Quixote. Cada um carrega dentro de si um local que não é alcançado pelas drogas. Somente os sensíveis pela *psique* abordam, acercam-se. O professor de Psiquiatria entendia de quantificação serotonínica, dosadas em tubos de vidros, sem guerras, dores, religiões ou LSD. Via Amélia como via todos os seus pacientes, como portadores de alguma coisa que era produzida por um complexo tubo de ensaio. As dores de romances, amores, guerras, poder e inveja não existiam. Esquecera-se de que era médico de almas. Amélia sentia saudades de ser Rainha. Todos os homens, até alguns fregueses psiquiatras, veneravam-na como Deusa, ajoelhavam-se a seus pés e pediam aquilo que suas esposas e namoradas não podiam ofertar. Homens e mulheres a desejavam na vida passageira.

Amélia vivia na juventude o esplendor que todas as mulheres sempre imaginaram alcançar, cantadas e decantadas nos sonhos desejados de desejos. Vivia as loucuras somente permitidas na clandestinidade. Todavia, Amélia transformou-se em legislada, dona de casa de um homem só e, por mais artista que fosse, mais amante que pudesse ser, não atingia o chão do palco em que vivera. Sempre vivera o doce encontro da fantasia. A busca da legislação aprovada e permitida matou a esposa que se lançou dos altos de um hotel cinco estrelas.

O jornal da região: "Ontem, revelou-se. O corpo de Amélia, apesar da queda sofrida, ainda possuía formas apreciáveis. O sublime corpo espatifado sobre a Kombi da panificadora Doce de Mel. Sincronicidade? Voo angelical do vigésimo quinto andar do hotel cinco estrelas. Sr. Manoel, dono da panificadora, emudeceu, e Antonio pagou uma Kombi zero quilômetro. Amélia enterrada, Antonio chorou 14 dias e noites. Toda a cidade acizentou. O padre rezou uma missa solene cheia de homens saudosos e mulheres agradecidas pela paz que ela produzira em suas residências. Santa Amélia do Cu Doce.

– Amava aquela minha putinha, somente minha! – as lágrimas caíam sobre o paletó do delegado Onofre, que, às noites, o acompanhava nas baladas. Viveram duas semanas de luto, uísque, gelo, amendoim e boceta, muita boceta. Antonio não voltou para o Acre. Abandonou fazenda, boiada, chuvas, mutucas e pernilongos gigantes, urutus e jararacas. – Vivia lá somente por ela, era foda de dia e foda de noite, emagrecemos juntos. Que cu, Onofre! Que cu! Parecia que ela gostava da vida que lhe dava, mas foi entristecendo muito. Saudades do quê, doutor? Do quê? – e chorava no ombro amigo de Onofre.

– Antonio, tome essa Glock, volte para a delegacia, teu lugar estará lá sempre, vamos trabalhar. – No dia seguinte, sem ressaca, Antonio estava às 7 horas da manhã na padaria ao lado da delegacia, tomando pingado, pãozinho francês com manteiga na chapa, e a automática comprimindo os intestinos. Espreitava a rua como buscando. "Ah! Como gostaria de ter lutado no Vietnã!".

SMS

Babilônia de Troia,

Finalmente saí da masmorra.

Foi uma temporada recomendável. Encontrei deuses. Apenas o homem sádico esfregando na cara do próximo o ódio. Precisamos construir Deuses furiosos, implicar inferno. Somos uma espécie trágica? Assassina. Estúpida.

Estou doidinho de Banguê para rever o que é isso. Doidinho, meu primeiro duplo detectado, o outro é Lins do Rego. Quantas saudades.

Isso é o que vivemos.

Enquanto isso...

O epidídimo reclama de doer, confesso que necessito esvaziar.

Outra coisinha que gostaria que não comentasse com ninguém: enrabaram-me na delegacia. Uma única vez. Confesso que senti mais desejo que medo. Aquele homem penetrando, meu cu doía, sentia seus movimentos em meus intestinos, massageava a próstata, agarrava meu corpo com a força dos desamparados, beijou, escondido de si, minha nuca. Gozou, suas mãos bandidas deslizaram pelo meu corpo, pegou meu pau duro, masturbou-me e gozei. Ele deitou-se ao meu lado, olhou-me e adormeceu.

Foi uma ligeireza de amor escondido na escuridão da existência.

Entre grades. Dor e amor. Escondido. Lá estava Deus.

Mas não sou homossexual nem *viado*. Prisioneiro da curiosidade.

Apenas duplo.

Marte

CAPÍTULO 5

Dono da festa

SMS

Marte,

Clitorianas saudades.

Não há dúvidas, sexualidades mesclam.

Não há vida que não seja inter-relacionada.

O inconsciente é soberano. Bissexual, sem tempo, amoral, desejante.

Apenas alguns dizem que fumaram maconha e não tragaram. Acreditam-se profetas. Falam e os outros terão que acreditar. Duplo.

O outro pergunta: "Você fumou maconha?"

Outros mais castrados ou falsos dizem que nunca experimentaram.

Afasto-me.

Não acredito. Se for verdade, não viveu a juventude. É risco de vida aproximar-se de um fanático.

Jovem conservador é o mesmo que sardinha condicionada em lata.

Sim, meu Henry James dos parafusos soltos e assustadores, produziremos amor.

Mas me sinto Therese Fabiani. Todas as mulheres são Therese Fabiani.

Principalmente quando se encontram tomando banho e as mãos correm o destino dos prazeres, segundo o Evangelho de Quixote, Versículo 122.

Mas o que fazer com essa energia que procura vida? Escravos de um destino. Queremos sem consciência.

Buscamos ser.

Mas o Ser está onde nunca poderemos ser.

Deus é Ser.

41

Nós somos aprendizes de substâncias comuns a todos os animais. Deus é essência. Apresenta-se continuamente em lampejos, reflexos, olhares, amores. Deus é duplo. Deus é outro.

Somos primitivos e arrogantes. Tentamos, com nosso espaço psíquico finito, decodificar o infinito. Tentamos procurá-lo desesperadamente com esse parco instrumental que possuímos. Somos inocentes que buscam humana compreensão.

A música, a literatura, a pintura, a escultura, a poesia... Traços divinos de Ser.

Podemos ler olhares, ver cores, sentir peles, amar semelhantes.

Fragmentos de memórias divinas em cada um de nós.

Babilônia

SMS

Babilônia,

Aconteça o que acontecer... Continuaremos estúpidos. Flaubert.

SMS

Vamos à festa? Casa de Jonny Cristal.

SMS

Sou tímido...

SMS

Ele é o músico. Especialista em Mahler...

SMS

Babilônia! O que você quer de mim?

Marte

SMS

Marte, anote:

Penthouse. Acima da Paulista. Acima de acima. Você gostará. Mulheres lindas.
Homens... Vista desvairada, São Paulo...

SMS

Quando?

SMS

Hoje, às 24 horas.

SMS

Qual parte da Avenida Paulista?

SMS

Passa o Nacional. Olha à esquerda e verás o mais alto. Movimento de carrões.
Manobristas negros à porta, todos negros, coisas de Jonny... E, loiras, muitas
loiras...

SMS

Até...

Cheguei a ritmo de SMS misturado com Twitter, e um pouquinho de Facebook. Os caras da baixa Paulista a caminho dos bairros baixos, *homeless* olhando o já vivido. Apresentei-me: "Marte". "Pode entrar. Babilônia avisou que chegaria". Voz de africâner. "Pode subir!". Cheguei caminhando a Ministro Rocha Azevedo, íngreme, pontiaguda de favelas dos morros abandonados, que termina na calçada da Avenida Paulista. O cinema fechado. A festa de arromba acontecendo. Caminhando, pensei em desistir, misto da timidez com medo de não sei o quê. Detesto pessoas com quem sou obrigado a ser simpático e conversar sobre a Bolsa que desceu, ou o idiota do candidato à presidência, o analfabeto herói da pátria... Tempo perdido ao nada. Não tinha repugnância, somente asco. Entrei e senti vontade de retomar o elevador. Por que vim? Um gato branquíssimo aconteceu. Deitou-se no sofá dourado de moças de coxas, muitas coxas. Lambia as patas como o gato vira-lata do *shoppinico*. Naquela sala haveria botões rosa?

Jonny se aproxima como dono da festa, *smoking* musgo, com pedaços brancos, rindo.

– Muito prazer, Marte.

– Babilônia me falou muitíssimo de você. Encantado em conhecê-lo. Espero que nos conheçamos. Por gentileza, champagne!

Agarrei a taça e outros personagens se achegando para minha salvação. Sorvi a primeira taça. Gelada, falsa borbulhante, fresca. Lembrei-me dos tempos do guaraná. Coxas e tecidos coloridos. Viados em profusão. O suficiente. Algumas lésbicas adornadas do *fashion*. Caminhei pelas salas, parando quando podia, diante de alguma obra de arte. Meu Deus! Maconha no ar. Cocaína oferecida em bandejas de prata. Vi um Bispo do Rosário! Louco, lindo de amor, ruído de tudo, roído por todos, genialidade, nasceu fora do tempo, fora da curva dos religiosos instituídos, latifundiários da fé. Rosário lado a lado a Matisse. Que destino humano. Matisse-Rosário--Bispo. A varanda transpirava brisa paulista, uma terra que um dia fora. Lá embaixo, a pista de asfalto das luzes vermelhinhas, cordão de rubis abraçando a avenida. Olhei para baixo e vi um ninho de passarinho escondido entre as volutas que sustentavam o balcão. Eram escuros, apenas os *flashes* das propagandas iluminavam o bico da mamãe pardal. Senti alguma coisa esquisita. Uma mulher de olhares verdes me observava de olhares vermelhos. Os rubis, os olhares... Serviram outra taça de champagne, que ingeri rápido. O álcool subia às alturas daquelas riquezas altas. Caminhar pela varanda que circundava por todo o *penthouse*, vertiginoso, espelho, luz, dourado, Unilever, Coca-Cola, agora é Ford, acendiam e apagavam, Amil ou morte, anil, verde, hospital das elites, Mc para os patos Donalds, a satisfação da cervejaria, trilhões de dólares em nome do alcoolismo, letreiros corriam... Será que colocaram Cinderela em meus sonhos? Mais taças de champagne servidas pelo garçom de cabelos gelados, sorriso de dentes profissionais. Estaria ali? Eu indo para o lado de lá. Taça de champagne. Estômago vazio, não aparecia cabeça de amendoim, menos pipoca... Chegam quitutes desconhecidos, banhados de espumas coloridas. Coxas transparentes, sorrisos de lábios vermelhos, azuis, cabelos verdes, amarelos, sapatos de cores, rodava pela varanda encostando corpos, cabelos tocavam meu rosto, saltos altos aliviando pernas, *gays* estridentes vestidos de amarelos vidros, dentes acompanhavam meus andares, por que vim? Jonny vem a meu socorro, riso de herdeira debutante, riso idiota de virgem cobiçada pelo saldo bancário.

– Ela me ligou... Disse que chegará com o bofe!

Aquela alegria dos milionários que tem o dever de fazê-los parecer felizes, sempre felizes. Asco! Tiveram sucesso, são felizes. Olhei para a varanda e vi um corpo caindo, corri para o parapeito, todos continuavam a conversar. O corpinho deflagrado entre rosas. Apenas mais um chato que resolvera ir-se da festa. Retornei. Devem ter colocado ácido lisérgico. Bebi mais taças de champagne. Não respondi ao chamado sussurro de meu nome, e me sentei na poltrona violeta camurça, com uma lâmpada que iluminava um pedaço do meu pé, mas minha cabeça escondida sob a sombra da luz que tentou chegar. Uma velha carregada de pedras preciosas e rugas octogenárias de secas: "Meu jovem, vai dançar?". Dancei. Jonny olhava-me feliz. Seria a mãe dele? Pergunta familiar? Estou no puteiro do *jet set* e pergunto-me se a velha milionária é sua progenitora! Ela encosta o abdome flácido de presilhas e argamassas; eu recuo. Ela se aproxima. Construímos um baião de dois rodopiando no salão. As pessoas não olham a velha comprando um idiota. Não estou à venda. Termina música. Beijo suas mãos regadas de cicatrizes queimadas das manchas velhas e dirijo-me a mais taças. A velha lenta, não poderia ser diferente, caminha em minha direção. Corro para trás da escultura de Maria Martini. Ela olha pelos vazios da peça rebelde que não queria estar ali. A velha milionária de dinheiro ri, os dentes das dentaduras me cercam. Ela corre para trás da escultura e eu me apresso em direção da varanda. Por que não a jogar dali? Sai, pensamento! Será que colocaram Cinderela em meu champagne? Sento na poltrona anis. Durmo. Acordo com alguns corpos dormentes estendidos ao chão. Olho os céus da Paulista; os vermelhinhos do asfalto adormeceram. Ajeito minha camisa, a braguilha da minha calça aberta, minha cueca úmida... Olhei para verificar se meu pau estava lá. Estava. O que aconteceu? Ando pelos destroços ricos dos tapetes fofos, espero o elevador, desço. Os seguranças, trocados de guarda, cumprimentam-me, oferecem um táxi. Caminho a pé, arrastando ruas sem memória. De que adiantaria me recordar? Parei no boteco entreaberto e pedi uma "Cinquenta e um". Rebateu e caminhei. Onde estará Babilônia?

SMS

Marte, *avis rara*.

Você é sartriano. Necessita reconhecer-se aos olhares do outro.

Por que não elegeu Arístocles?

Eu não sou o seu outro. Não sou seu espelho. Não sou o olhar que te persegue.
Seria seu duplo?

Por que odeias o que provoco em você?

Apenas um instante, apenas momento. Nada mais. Nada.

Seu herói é desespero. É camuflagem panfletista que não lutou contra os
alemães. Tomava cerveja em Germain Gauche. Fingiu e se aproveitou. Nada
contra... Não foi o primeiro, não será o último.

Não estou em quatro paredes. Não sou a prostituta respeitosa. Entre o Ser e o
Nada. Elejo Palavras.

Estou de quatro.

Esperando Marte chegar.

Babilônia

PS.: Tive uma cachorrinha além do mais. Era doce de calor, amiga de fígado,
companheira indelével. Perdoava-me em minhas cóleras atrozes do absurdo.
Suportava meus choros, solidão, desespero. A angústia, em grande parte
sustentada por ela. Suportava meus afagos solitários de desesperos e dores.
Não, ela nunca morreu. Há décadas nós conversamos, sobretudo de todos.
Ela nunca fofocou, nem ralhou. Apenas me olhava com aquele olhar sincero
de estar ali comigo. Quero e pretendo que um dia você se dê permissão de

conhecê-la. Não, não há umbral ou outras questões, apenas aguardando a vida viver.

Troia

– Como era Amélia? Perguntou Antonio a Onofre, com olhar esquisito de líder da bancada de governo corrupto.

– Tenho receio de não ser fiel à verdade, de errar... Colocarei palavras de Turguêniev, em *Ássia*, na descrição de Amélia: "... Tinha nariz pequeno e fino, faces meio infantis e olhos negros luzidios. O corpo era bem gracioso, mas era como se estivesse em desenvolvimento."

Nascera dos interiores do Rio Grande do Sul, aquela mistura que as constrói lindas. Donas do mundo, fortes, imperiais, graciosas. Mulheres além de suspeita, pariram amores e dissabores. Nossa terra impõe a miséria como sina, e as Amélias procuram a vida paulistana: desígnio de manterem a família. Profissão de horror e fé: putas.

Atendem homens suados, pica de viagra pronta, quantos dinheiros? Trinta moedas? E foi. Aceitam o peludo regado a álcool, movimento sem amor, esporrada. Gracejo indevido, "Puta safada da porra!". Ela ri para quem? A vagina cheira horrores, indiferente à água com vinagre que se jogue e esfregue. À noite, sonham sabonetes e perfumes. Coça a pele por falta de escolha, a pior das ausências. Dinheiro aparentemente fácil, entrada sem saída. O outro dia novamente, "Puta do caralho, que cuzinho gostoso, pode cobrar metade?". Todos queriam Amélia. Ela diferenciava-se por ser mulher, esquecia-se. Chegou Antonio. Poderia ter chegado qualquer um.

Um fazendeiro, amigo dos homens de Brasília, convidou-a para faturar com os velhos de lá: ditador velho brochado, jatinho, dinheiro antecipado. Exigia-se silêncio ou morte! Ela foi e o idoso se apaixonou. Primeira Dama, impondo que se mandasse outra, não mais Amélia! Obedeceu, sempre obedeceu. Estive com Amélia e falei. A primeira vez que a vi lacrimejar rápido. Abracei-a e... Paguei. Sempre paguei e nunca ofendi. Fugi dela porque senti uma coisa que nunca havia sentido. Amor? Talvez. Meu avô dizia que as mulheres são muçulmanas sem chador. E ria enfiando o machado no lenho.

– A Paris que não me quis mais... Eu poderia estar lá, entre pernas francesas... *À rive gauche et droite. Vive mon dieu de la France! Vive!* – O machado caía forte sobre o lenho, derrubando lascas que se transformavam em ossinhos dos pescoços nobres. – Guilhotina! Guilhotina! Pobre Maria Antonieta, loirinha cheia de pedidos mal compreendidos. *Vive la France!* – E o machado rachando o lenho. – *Vive!*

Às vezes, a distância aflora memórias com acordes de cordas desaparecidas. Amélia se confunde com o outro, a Rainha Maria Antonieta seu duplo, rainhas de países errados, lindas, fracassadas, destinos esquecidos que se encontravam caídos aos pés de algum Papa perverso.

Antonio ouviu calado e falou:

– Quase todos os Papas foram perversos.

– Basta querer ser Papa!

– O Papa é o duplo de Deus.

– E o outro, quem seria?

– Amém!

Riram, entornavam o vinho gaúcho de Caxias do Sul, ardente, picante, quinado, vinho brasileiro do Veneto. "Saúde! Viva *Ássia*! Viva Amélia *Ássia*! Viva Anal Ássia Amélia! Viva Maria Antonieta! Outra garrafa!". Rolha sangrando, pingando no chão as gotas, saudades perdidas, uvas pisadas das gaúchas, espremiam lábios.

– Tenho raiva desse nosso país, muita raiva! Detesto os coronéis escravagistas. Asco! Essas moças, filhas de qualquer um de nós. Décadas, o desprezo de meu avô pela nobreza francesa e burguesia brasileira. Desabafo? Delírio? Meu avô elegeu o machado cortando asas dos vampiros. O machado descia forte encontrando o tronco duro. Meu avô amava Nabuco, o profeta que anunciou que a Lei Áurea era uma sina ao Brasil, perpetuaria a escravidão até hoje. Profeta Joaquim Nabuco. Meu avô, lutando para não cair na miséria, era trabalhador do campo, em seu sítio, com suas vacas, leite. Vendia o tonel de leite por dinheiro qualquer, e daqueles litros fabricavam-se dezenas de leites. Mistura de água e quaisquer outras coisas depois classificavam em A, B ou C. Meu avô vendia o litro a um dinheiro qualquer. Meu avô e todos os camponeses viviam dos calos das mãos, sapatos tamancos, intempéries naturais de seu trabalho. Geravam filhas, filhos, pão nosso de cada dia. Um dia, doença, perna quebrada, desvio para mais ou para menos. Entre desesperos, enviar a linda filha para a cidade grande. São Paulo acolhia as moças que vingavam putas. Os caminhos de ilusão. Carne barata. Fregueses e dinheiro da porra para as famílias. Emigrações do nosso Brasil. Amélia matou-se por várias razões. Aquela jovem e belíssima mulher não suportou sua tragédia. Eu, talvez, não fizesse o mesmo. Sou covarde. Dois uísques triplos *on the rocks*! O vinho é muito suave para esses momentos; preciso de veneno, muito veneno. Copo longo transparente para enxergar a cascavel chocalhando no gelo do Anisio.

– Também quero dois uísques triplos *on the rocks* com cascavel!

Na queda do fim do dia, naquele balcão nunca limpo do bar do Gualberto, devoravam aguardente adormecente.

Gualberto, proprietário do bar, velho conhecido de todos os policiais, travesti da pesada, várias chaves tomadas, no limite da sobrevivência dos 52 anos, ouviu os conselhos de Onofre, abandonou a rua e os pequenos assaltos contra homens casados nos becos escuros. Comeu casadinho até enojar.

– Tenho nojo de comer cu de casadinho. É alargado demais!

E ria sem os dois dentes da frente. Tinha um instrumento de sexo a quem devia o sucesso da profissão. Trinta e quatro por dezoito. Carrões paravam embaixo do poste sem luz. A prefeitura já decidira não colocar mais lâmpada. Gualberto estilhaçava a pedradas. A Mercedes estacionava, discutiam o preço, ele adentrava no carrão, sumindo com o boneco. Gualberto carregava como proteção metade de uma lâmina de barbear na boca, entre a bochecha e os molares, e chupava o cacete casado com lâmina e tudo.

- Onofre, nunca aconteceu um arranhãozinho!

Depois de aliviar o casadinho, encostava a lâmina na jugular, dava um cortezinho de barbeiro e o careca entregava toda a grana mais o Rolex, geralmente chorando. Mesmo assustados, os homens sentiam que Gualberto sabia aliviar a besta escondida. Gualberto fazia o fogo virar inverno, congelando paixões dormentes até novo despertar.

– Ninguém pode saber, pelo amor de Deus! – grita o careca enrustido de executivo, pai de família, católico, kardecista, evangélico, doador, empresário, bem casado...

Careca proprietário da Mercedes sob o protocolo do rebanho. Ausente de vontade, temia o julgamento daqueles que espreitavam. Não sabia correr por conta própria em direção ao seu desejo. Sua estratégia medrosa era criar a reunião imaginária, a esposa e os filhos o aguardavam no lar, enquanto o calvo carrão procurava alimento. Gado faminto e sem vontade. Deitava-se e submetia-se aos escuros de sua cobiça. Relaxava, gado alimentado. Não falava, medo, muito medo.

– Eu não sou alcaguete, quero somente grana. Casadinho, passa a grana e volta durante a semana que te dou outro trato!

A maioria voltava. Logo iam falando que pagariam mais, não havia necessidade de roubo, queriam apenas carinho. Gualberto foi preso por Onofre várias vezes. Nada acontecia, nunca houve testemunha. Depois de anos de trabalho, resolveu aceitar os conselhos de Onofre. Abriu a "Deslumbrada", uma boate chique, misto de bar-*jazz-love*-uísque. Em vermelho, roxo e preto, o maior colorido ficava por conta de Gualberto vestido em Chanel, servindo clientes, com seus sapatos de salto altíssimos com solados vermelhos, que bebiam drinques não pedidos. Nunca mais programa nem roubo, "Álcool dá mais grana!", dizia aos clientes que ainda tentavam atiçá-lo. Retornou fervorosa ao catolicismo, mas brigava com o padre Regina, pois Gualberto desejava ser filha de Maria. Não entendia como o padre não permitia.

– Sou mulher. Uso saia. Trabalho. Comungo todos os dias. Por que não? Sou um anjo sem sexo legislado.

– Onofre, somos amigos há mais de 20 anos – dizia Gualberto.

– Devagar, amigo... Obrigado, Gualberto... Leve-me para casa.

Gualberto o colocava em sua Hilux dourada, acomodava-o na cama, retirava sua roupa, cobria-o com cobertor e desaparecia do quarto. Depois, acarinhava o gato Spina, rom-rom, e oferecia uma comidinha qualquer. Trancava a porta do apartamento. Gualberto tinha a chave – era a única pessoa que a possuía.

SMS

Babilônia,

Não recebi retorno!

O homem morto no *shopping*. Sem nome ou identidade. Família?

Nem ao menos uma fotinho na internet. Será que assassinato não dá ibope?

Como viveriam os Jornais Nacionais?

Com os mesmos insuportáveis e medíocres políticos de frangalhos.

Açougueiros de povos. Destroem vidas e gerações. Travestem-se de nada. Correm em discursos falsos, distantes de tudo e de todos. Depois, dirigem-se ao restaurante popular para comerem o intragável. Às noites, vinho francês dos reis e putas. Esses não produzem ibope.

Não diferem dos bancos que devoram hemoglobina.

Precisamos conversar sobre Platão. Quem seria aquele professor de ginástica do menino rico na Grécia, nos ares poluídos do século V, que o nomeou Platão?

Arístocles era o nome do pai do menino. Triângulo significativo para uma psicanalista decifrar ou significar.

Assassinato do pai? Paixão pelo garoto rico? Mestre que lhe dá oportunidade de Ser?

E eu?

Marte

SMS

Marte,

Não gosto de coincidências.

Levam-me a devaneios de relógio. Tudo paranoicamente atrelado. Uma coisa se liga a outra, que se liga a uma ou a outra.

Coincidência dá grana.

A paranoia é praça central do misticismo. Paranoico = místico.

Leia o caráter do místico do Wilhelm Reich, Análise do Caráter. Compreenderá.

Interpretar coincidências é expressar loucuras humanas.

Depois surge a matança em alguma localidade dos EUA.

Choro. "Oh!", gritam os evangélicos aliados aos mórmons, católicos, "E la nave va"!

Depois de enterros, vigílias, rezas, velas e dor, surge o diagnóstico: o carinha era esquizofrênico e ninguém sabia!

Não acredito em coincidências. Detesto a paranoica explicação de Jung: sincronicidade. Paulo Coelho usou e abusou.

Acaso. Puro acaso e ignorância interpretativa. Até os cultos, como Jung, derrapam.

A Razão escondida no fundo do copinho da bruxa... Jogo dados não viciados.

Precisaria conversar com o professor de ginástica do menino Platão. Talvez descobríssemos alguma coisa no interior do professor.

E para quê?

Apenas para você me testar mais uma vez. Você não é apenas um caçador de mulheres nos *shoppinicos*!

Quem é o seu duplo?

Babilônia

SMS

Babilônia, em que parte da festa você se escondeu?

Jonny Cristal, apenas mais um herdeiro do nada.

Coxas, sexo, álcool, velhas perseguindo juventudes, jovens perseguindo ilusões.

O que nos resta?

Deus, onde está que não me ouve?

SMS

Marte, você não se recorda?

Ingrato ou esqueceu?

A braguilha aberta em minha boca fechada. Comunguei você. Está em mim a sua substância. Te pari de mim em ti. Duplifiquei-te em mim.

Você, apesar de não ter nada a ver com isso, é minha paixão!

Babilônia

SMS

!!!

SMS

!!!

Baruch da Silva trancafiou-se em seu *flat* paulistano. Não atendeu o telefone, desligou o celular, não enviou *e-mail*, não seguiu o Twitter, não acessou o Facebook. Alimentou-se de bolacha Maria, manteiga Aviação com sal, café Pelé, água, muita água filtrada e reservada em filtro de barro. Depois, por vontade, devorou feijoada em lata, ervilha em lata, almôndegas em lata, vodca em lata, tudo enlatado. Perguntava-se se haveria uma interpretação lacaniana entre abrir o enlatado e sentir-se fechado. Quem abriria a lata? Esperando que a mamãe o faça, é pieguice de Cartas a Você, editorial dirigido às mocinhas quase católicas. Pregou o armário na porta. Passou corrente nas janelas, jornais pela televisão. Por que tão pressionado pela polícia? Por que queriam saber da gata que paquerava? Por que não saiu notinha sobre o tiroteio no *shoppinico*? Quem era o cadáver? E, eu, à procura de Deus. Esconde-se em mim?

– Alô, Andréa, aqui é Baruch.

– Marte... Desapareci... Trabalho no exterior, apagão no celular. Cheguei hoje em Lisboa e a primeira coisa a fazer seria falar com você, e você ligou. Sincronicidade?

– Prefiro telepatia. Sim...

– Não...

– Gostaria de revê-la...

– ...

– Pena... Espero você voltar... Quinze dias. Ok? Ligarei. Boa viagem. Até. Não esperarei por outra onda telepática.

– Sou Babilônia em Troia...

SMS

Babilônia,

Quinto SMS enviado.

Nenhuma predisposição à iconoclastia.

Muito idiota?

Para lembrar: sou Marte.

Perdi a gata? Tetraidro passando do ponto? E o Colorado? E o Uruguai? Paraísos enviados por Deus, que ouviste minhas preces. Troco ou noia? A polícia tinha que me interrogar? Vi um crime. Queima de arquivo? Talvez um policial, mafioso importante? Não sou polícia, apenas um cara que estava atrás de uma menina no lugar errado e na hora errada! A polícia tinha que pressionar... Personagens na cena do crime: informante, sócio, segurança, assassino e amante! Eu deixei de fumar maconha, mas ainda tenho a sensação da maior noia: ser perseguido pela noia. Sinto-me perturbado, viajando sem fumo, perseguido sem causa. Noia? O Professor Titular de Psiquiatria *Fashion* Harvard prescreveu-me Lexapro®, duas vezes ao dia, cobrou uma nota pela consulta, mas não curou. Mil dólares pela consulta! O retorno também se paga – e mais outros mil dólares. O Professor olhava-me com ares daqueles de quem se dedicou ao poder, como se eu fosse o idiota-paciente, autorizando-o que se fizesse passar por inteligente em sua lojinha-consultório. Em sua superfície professoral, articulava-se um louco pior do que eu. Por quê? Porque, disfarçado em avental e colarinho branco, gravata avermelhada, relógio de ouro, caneta Montblanc pendurada no bolsinho, timbre da instituição, consultório *designer*, madeira, computador, receituário de papel fiorentino, na parede um crucifixo simples, caligrafia das letras escolhidas redigindo Lexapro®, ele fala sobre milagres da receptação da serotonina, assinatura ilegível. O Professor diz que, além de clínico, é pesquisador (momento propaganda). Saio, encontro a atendente assalariada com cara de professora mal remunerada, que me informa que o retorno também será pago – a secretária que, no passado, deve ter feito *taller el pipe*, hoje, encardida nas rugas:

– Quatro mil reais a consulta.

– Mas não eram mil dólares?

Paguei e não voltei. Não tomei a medicação. Curei de raiva, eletrochoque natural; deve ser a técnica do malandro. Quatro mil reais a consulta! Viagem aberta ou consciência fugaz? Duvido que tenha acontecido o que vivi no *shoppinico*. Será que aconteceu aquilo? E a delegacia existiu? Será que existe aquele Psiquiatra *designer*? A única certeza é que perdi a foda. Comer uma mulher é pulo do leão, é um salto só. Leão não salta duas vezes sobre a presa eleita. Penso em Miles Davis, "Ele gosta de sexo, adorava sexo, gostava mais de sexo do que de mulher!". E eu? Quando declarei paixão à Vania e, em sua beleza canina próxima de minha boca: "Você não me ama, gosta de mulher!". Concordei, não derrapei na noia. Algumas esqueci na cama, outras não me lembrei do encontro, e a última foi Andréa. Até armário de aço fixei na porta do apartamento, o que imaginava? A invasão do Bope! E as correntes nas janelas evitariam helicópteros de assalto? Inventei Vietnã. Preciso de um psiquiatra, não desses que aparecem na televisão, mas um cara que tenha experiência com drogados de verdade. Não psiquiatra de consultório, mas um cara que entenda de loucos muito loucos. Lacaniano detesta psicótico, pois geralmente são pobres e, depois do segundo surto, a família do famigerado porta-voz desaparece, sumindo os cheques das consultas. Nós, os psicóticos, necessitamos de tempo, muito tempo de cuidado. Preciso de um médico que trabalhe no Juqueri há muitos anos. Esse médico psiquiatra de verdade. Outros ficam com aqueles papinhos de loucuras burguesas: "Você deseja ou quer?". O orgasmo é semelhante à queda d'água quando abracei a cachoeira! Vomitei. Acho que estou precisando de mais Lexapro®. Não! É verdade, na noia, ao redor da neblina que a paranoia produz, nos limites da fronteira nebulosa, é ao redor de 50%. "Abrace uma cachoeira, leia Coelho!". Prefiro o outro da dupla. O duplo metamorfose ambulante, Seixas, o que nos deixou antes do tempo. Estou louco como o antigo personagem. Deixarei o armário de aço pregado na porta, é empecilho às balas, não às fantasias. Ah, e os helicópteros? E Andréa? Estarei esperando enquanto amacio o pau com Hipoglós – lembranças da juventude, graças a Deus! Fui jovem porra-louca. Cara que foi jovem certinho, quando adulto, vive com ponte de safena, gordo. Deprimido ou vontades? Muitas vontades, acompanhado de ódio, muito ódio. Porra-louca! Porra-louca de ontem, calmos de hoje! Sim, relerei quantas vezes puder Baudelaire. Infelizmente, a academia apossou-se e, como tudo que é burocratizado, afogou-se no legislado. Tentaram possuí-lo, apunhalá-lo, matá-lo dos seus perigos de amores; traíram-no. Contudo, Baudelaire resiste por meio dos maltrapilhos de Paris, sob os viadutos de Istambul, embaixo das mesquitas sujas, entre os conventos trapistas que fabricam porres de cervejas, próximo da boca do lixo dos *cracks*, leem amor eterno, molhados de gozos e porras, lençóis suados de amores muçulmanos, entre paredes, negros camuflados, gozos... *Flores do mal* a morte dos amantes:

> *abusando dos seus últimos calores/nossos dois corações serão uma vasta chama/que refletirá seus duplos ardores/em nossas almas, espelhos que tudo inflama/(...) e, mais tarde, um anjo entreabrindo as portas/virá reanimar, feliz, apesar da partida,/os espelhos embaciados e as chamas mortas.*

Seria Andréa meu duplo? Ou seria eu o duplo de outro que me governa? Quem governa a quem? O duplo não se basta e gera outro duplo. Andréa também seria o duplo. Sinto esse meu duplo em Baudelaire. Necessito fazer amor comigo mesmo. Com licença, se desejar feche os olhos. Flores. Fazendo amor comigo mesmo. Papagaio de Baudelaire empalhado olha-me sem severidade ou desalento, fazendo amor em carícias a si mesmo. Baudelaire veterinário das almas. Ah, Baudelaire, que reescreveu as palavras ditadas por Deus. Estou fazendo amor, papagaio me aprova, o bispo pedófilo desaprova. O pastor bilionário olha com olhar aquém de Baudelaire, grana, somente vale o dízimo dourado.

CAPÍTULO 6

Artista da pesquisa intuitiva

SMS

Marte,

Estou desesperada.

Centenas de criancinhas assassinadas.

Brincavam em um campinho de terra e assassinadas pela gloriosa aviação síria.

Bombardeadas. Bombas ardeadas. Bomba ardidas. Arde. Arde. Arde.

Os mesmos canalhas identificados pelas palavras "Dita a dor", "Dita Dor", "Dita Dura", "Ditador".

Como se reconhece um "Dita Dor"?

Pelo capital que os cerca. Pelos que bajulam, desejam e querem. Querem e desejam joias, brilhantes e dinheiro.

O olhar de todos os ditadores é horrível. Lembra crocodilo esquizofrênico.

Você já viu um crocodilo esquizofrênico?

Olhe, observe os olhinhos de dentro do "Dita Dor".

O que representa aquele corpo furado na garagem do *shopping*?

Continuidade assassina.

Babilônia

SMS

Babilônia,

Estamos próximos das religiões.

O Deus atual é o Dólar.

57

Estamos distantes das artes.

Próximos do Capital.

Deus não se define. Quando inquerido. "Sou o que sou". Não se define.

Como definir um ser limitado a uma ideia ilimitada?

Não justifica. Não há metafísica em suas ações. Apenas um movimento silencioso.

Silêncio. Silêncio. Silêncio.

O resto somos nós. Humanidade repetitiva de guerras em guerras.

Como se houvesse algum vencedor!

Homem distante de si mesmo, o mesmo que distante de Deus.

Não está em nenhum templo. Sob nenhum hábito. Sob nenhum livro classificado de Sagrado.

O perigo está em cada tribo possuir seu particular livro Sagrado.

Guerras infantis à vista.

Meu Deus é maior que o Seu!

Morte.

Marte

– Jeremias, há quanto tempo você conhece o Onofre?

– Quarenta anos! Eu o conheci quando ainda era menino, tinha saído da faculdade de Direito, aprovado no concurso de delegado. Era um rapaz que a distância cheirava gato nato, gênio no desvendar. Um duplo de Jean Baptiste Grenouille. Ah, o perfume... Recordo do primeiro caso de homicídio. Foi incrível. Elucidou o caso na cena do crime. Perfurou a cena e sabia o que havia sido alterado. Memória perfumada, rápida. Naquele primeiro caso, uma mulher de 40 e poucos anos, casada, havia sido assassinada a picaretadas, rosto desfigurado, peito massacrado, uma pasta moída e sangue. Parecia quibe cru. "Você já comeu quibe cru?". "Já, com cebola roxa...". Exala perfume que combina com carne. O delegado Onofre chegou mansinho, gato farejador, leve, com pés que pareciam flutuar, nada a tocar; olhos cor-

riam o espaço, vias invisíveis, olhou ao lado, em cima, embaixo. Aproximou-
-se reverente àquela massa. Havia muito amor naquela morte. Ódio e amor
caminham juntos. Saiu da casa, havia um pequenino jardim de rosas sem
cheiro. Olhou o cachorro e percebeu tremores imperceptíveis em sua cauda.
Aproximou-se do cão, que se afastou assustado, e tentou colocá-lo no colo,
mas ele grunhiu. Um homem aproxima-se do cachorrinho de forma tenra,
com um pedaço de biscoito, mas o cãozinho se arrepia, assusta-se. O homem, delicado, faz festa na cabecinha do cãozinho órfão. Coloca-o no colo.
O cachorrinho aceita, mesmo não confortável. Onofre aproxima-se daquela
cena comovente, saca o revólver aponta para a cabeça do homem e diz:

– Fale ou te apago agora!".

O cachorrinho salta de seu colo, refugiando-se no jardim.

– Você está louco ou bebeu?

– Fala ou atiro... Dou até cinco: um... Dois... Três...

Destravou o cão, cano no meio dos olhos.

– Pare, fui eu quem a matou!

Onofre tinha visto no olho do cachorrinho a fotografia do crime, sentiu, no cheiro do animal, o medo, percebeu no gesto público de carinho a
farsa. O cara era amante há anos da mulher. Era escriturário público, casado
com uma amiga da assassinada. A falecida quis finalizar o caso, estava deprimida, sentia-se mal com o triângulo não imaginado. O cara não queria,
viciado nela. Tentaram amar-se pela última vez.

– Não sei o que me deu, doutor, vi tudo vermelho. Queria começar
matando o cachorrinho que ela amava, uma ameaça. Eu a via e queria.
Desconfiava que ela tivesse outro, mas quando ela me rejeitou, senti a alma
seca... Enlouqueci. Queria matar sua paixão. Ela se colocou à frente do
cãozinho, a picareta atingiu seu peito, não parei mais, picotei e, quanto mais
picotava, criava a certeza de que ela não seria minha, não seria de ninguém.
Destruí o que mais queria, o que mais desejava, não parei até desaparecer
aquele sorriso que era meu... Vim para pegar o cãozinho... Sim, iria assassiná-lo... Mataria meu rival.

– Sim, recordo-me desse caso. O pessoal da delegacia assombrado com
Onofre. Daí a São Paulo foi um saltinho. Ele merece. É um cara que nasceu
para "o desvendar".

59

Antonio recordou o Talmude:

– Milagres não acontecem todos os dias.

Jeremias acrescentou:

– Cara, o doutor Onofre está fora dessa regra. Realiza milagres diários. Poderia relatar esses 40 anos de convivência com um gênio da investigação. Ele é um desses privilegiados, que fazem da profissão arte. Ele é artista da pesquisa intuitiva, enxerga onde os outros não veem, ouve silêncio e camufla na luz do dia. Farejador nato. Quando tudo parece perdido, ele levanta aquela pedra do tamanho de uma lantejoula e malandragens caem. Surge o assassino. É um privilégio conviver a vida com um gênio.

– Mas o que se passa com ele hoje?

– Eu não gostaria de falar sobre isso. A dor que ele sente eu sinto...

Jeremias aprumou a popa com as costas ligeiramente dobradas. Arrastava os pés com a força dos idosos, cabelos raros brancos, barba branca a ser feita, camisa branca arregaçada, calça escura, sapatos de solado de pneu. Antes de abrir a porta de vidro leitoso, tirou um lenço do bolso da calça, limpou a placa em bronze que emoldurava a porta: Delegado Onofre, Chefe.

Antonio continuava sentado na poltrona Berger, de pelica marrom amaciada. Depois, tomou um limpador de armas; dançava a escovinha cano adentro como batuta de maestro.

CAPÍTULO 7

Esposas mórmons em férias

SMS

Babilônia, preciso...

SMS

Marte, estamos no esquenta...

Sob a marquise dos Arcos dos Calabreses, construída pelo decomposto Jânio, Baruch da Silva tentava convencer Andréa. Quem seria o pior: José ou Jânio? Metafísicas brasileiras. Reticências por parte dela informavam que teria aulas; sempre tinha algum curso a ser concluído, exame a ser cumprido, difícil. Depois daquele assassinato invisível, onde nada acontecera na mídia, água entre dedos.

– No mesmo *shoppinico*? Vamos a outro... Ok! Lá mesmo, no quiosque Coffee's Grãos? Ok.

Devo lembrar das palavras de meu velho pai: "mulher que chama ao pau é equação de segundo grau com oito incógnitas". Andréa não deve estar sabendo do assassinato? Provavelmente foi à delegacia por sincronicidade. Eu deveria consultar uma psicoterapeuta junguiana especialista em sincronicidade? Ou a mulher está a mando de alguma coisa? Mas que coisa? E comigo? Sou pé-rapado. Duro como pau de arara, tenho charme, certa cultura de internet, mas quem é culto neste país? A maioria é formada pelo Jornal Nacional ou pela Rede Evangélica ou por nada. Brasil, país do nada a caminho do absinto. A elite brasileira, maioria analfabeta, de doutores e doutorados divertidos. Vocês conhecem as universidades brasileiras? Raramente a elite leu um livro. "Me dá sono quando leio um livro". Não sei nada de quase nada, mas quem sabe? As mulheres que consigo endoidam em cima do meu pau, bater no colo do útero é o que interessa.

Tenho um olhar quase *viado*, boquinha calada não entra mosquito, peito peludo, cacete de salão, gosto da coisa... Sucesso. Elas não querem conversar sobre filosofia ou física, querem alargar as entranhas grudadinhas do casamento. Quanto mais casadinha, mais apertadinha. O que fazer com essa casadinha que quer me encontrar no mesmo *shoppinico*? Voltar ao lugar do crime? Óbvio. Lá é o *shopping*-jaula dos bacanas: meninas de grana e caras como eu, pescadores. É lá que fisgo as mulheres dos maridos--Mercedes. Ela cheirosinha, tratadinha, depiladinha, vestidinha, coxinhas de academia... Aí entro eu.

Você não entraria? Nunca fumou maconha? É crente? Semivirgem? É morto? Duas horas de sexo ininterrupto, hotel da esquina, todas cruzam-se nos interiores dos motéis com óculos escuros, uma não vê a outra, e a outra não vê uma. Ética *moteleira*. Eu tenho um emprego: fodo mulheres. Umas gamam, apaixonam-se, querem mais, viciam na coisa, emagrecem, ficam mais bonitas e gostosas. Desaparecem calafrios, maus humores e reproduzem. Geralmente, regularizam a menstruação, desaparece ovário policístico, pele ótima, e o dermatologista fica puto... O marido mostra a esposinha aos invejosos, ficam felizes a sagrada família, o marido, a esposa e eu. Acordo implícito. Ela paga o motel e eu orgasmo múltiplo. Não regateio, muito menos peço presente, mas, naturalmente, chegam alguns dólares. Depois é a vez da outra, e mais outra. Colaboro para a manutenção da sociedade em harmonia, sou estepe do casamento, mereço o prêmio Nobel de Economia. Mantenho famílias que consomem, viajam, compram, compram, compram. Paz. Mereço. Deveria receber uma pensão da tradição, pátria e família. Decidi encontrá-la, banhinho perfumado, brilho no cabelo, músculos em ordem, calça *jeans* apertada mostrando o volume, tênis sem meia, esse brilho que ganhei da gringa americana. Como fodia aquela gringa! "My God, Oh! My God, my God!". Seria uma mórmon em férias?

Lá está! Mulher que chama ao pau! Sabe que cheguei. Classe, muita classe, fingindo não me ver, esperando que eu chegue.

– Oi!

– Ah! Você?

– Vamos tomar um café...

Sem me responder tomou a dianteira. Jeitinho de cadela, eu sentia a coxa raspando de leve contra a outra, sem calcinha... Sim, estava sem calcinha! A incógnita florescendo molhada. Aquele desmarcado, bundinha solta, glúteos zoavam meus olhares. Ela machucava gostoso, sabia o que pretendia. Destemida. Olhei para trás, aos lados, vi apenas lojas vazias vendendo. Vendiam de tudo que era dejeto, de lenços a camisinha, o que você desejar encontra no *shoppinico*. Ela se vira rápida e me desnuda. Olha em frações. Senta-se princesa, dedos longos, abre a bolsa... Estou em Barcelona? Não é possível! Ela passa vermelho nos lábios, se escorregam, olhos abertos me olham. Respira.

– Por favor, peça café normal e água sem gás, gelada.

– Sem limão.

Mordisca o lábio entreolhando-me. Redescruza as pernas. Rearranja as pernas. Ajeita os joelhos, cruzando as pernas. Coreografia angelical. Ao fundo, Bach surge iluminando a prece divina: "Crescei e multiplicai-vos, amém".

Descemos ao subsolo de penico. Carro dela... Calafrio nas extremidades das mãos.

– Está bem – disse em olhos rasgados.

– Tudo em cima. Vamos ao motel aqui ao lado.

– Qual?

Elas sempre perguntam: "Qual?". Estão cansadas de saber e frequentar o "qual". Abracei-a, beijei-a.

– Quer que eu dirija?

– Pois não.

Sentei-me ao volante, ela ao lado, colocou os óculos escuros, olhou-se no espelho, e os longos cabelos viraram coque. Colocou uma boina verde. Olhou e riu. Máscaras necessárias. Eu sorri o riso dos otários. O que fazer? Duas horas da tarde, fila na porta do motel. Quantas sobreviventes? Ela sorrindo, aumentou o som do rádio, cantava e dançava em suas coxas redondas e macias, que pediam por mim. Eu apertei a coxa, corria para cima e para baixo, lados, sentia seu calor, beijamo-nos. Buzinas tocaram. À nossa frente, a recepcionista sorriu.

– Boa tarde!

– Um apartamento...

– Suíte presidencial conforto? – perguntou rindo com dentes à amostra.

Baruch da Silva dormiu profundo após o coito. Roncou e acordou no dia seguinte, com as luzes apagadas. Andréa não estava, e ele sentiu que havia dormido mais do que nunca. Onde ela estaria? Subiu as escadas, desceu à piscina, foi até a sala de dança e a sauna, toda parafernália de um encontro que deveria ser simples. Ligou para a recepção:

– Bom dia! Em que posso servi-lo?

– É da suíte...

– Bom dia, senhor... Claudia, recepcionista, às suas ordens... Senhor Baruch, o senhor necessita de algo?

– Minha namorada...

– Ah! Ela deixou um recado para o senhor... Um instante... Aqui está: "Caro Marte, metamorfoseou-se miúra".

– Ela se foi ontem?

– Sim, senhor.

– Quanto custou a hospedagem?

– Ela já pagou. Estamos entregando o café da manhã para o senhor. Ela recomendou o "Presidencial master". Algo mais?

– Obrigado.

Uma jovem loira entrou na suíte carregando um carrinho dourado com frutas, sucos, leite, champagne, biscoitos, queijos e frios.

– O senhor necessita de mim?

– Você é linda.

No mesmo instante, a loira começou a despir-se. Baruch, entre champagne e biscoito, desfrutou horas em agradável desforço. Saiu ao final da tarde, caminhando pelas marginais; os joelhos tremiam.

Na caminhada, ladeado pelas margens do rio sujo, meditava. Babilônia seria o duplo de Anna Kariênina ou Madame Bovary? O que realizar?

SMS

Babilônia,

Cuidado com o Onofre.

Nada contra gostos e gastos.

Detesto poderoso que se esconde atrás da própria subjetividade.

Mas o que fazer com a opinião pública?

Os jornalistas, ah! Os jornalistas são chacais.

Estamos ampliando as savanas. Antes pássaros e hipopótamos, agora chacais.

Você já viu chacais?

Lembram policiais, andam em bando com andar assassino. Durinhos que saltam saltinhos de orelhas em pé. Não riem. Até os leões não gostam deles. Muito menos as hienas.

Babilônia, vamos nos dar prazer? A próstata é diuturna. Não fui eu quem a fiz. Sou operário filogenético.

Beijo ali, daqui.

Marte

SMS

Querido Marte,

Sobre o Onofre – deselegantes considerações.

Cada qual consegue raramente o que deseja.

Felizes os que amam o seu duplo.

Planto rosas apesar de alérgica ao cheiro e ao perfume. Gosto da cor.

Odeio adubo artificial e tenho asco de cocô de galinha. O que fazer?

Uso as luvas de minha avó, um jeito de senti-la depois da morte.

Luvas grossas daquela única pessoa que considerei humana.

Sabia dar cores às rosas, nunca empalideceram.

Quanto à sua glândula... Você sabe, adoro porra. É adubo pelo qual não tenho alergia. E foi o melhor produto que encontrei na natureza para a pele. Às outras, maldade feminina, dermatologista da moda + Botox!

Como fazem os bovinos: esvaziemos os estômagos.

E depois digerimos.

Beijo daqui, ali.

Babilônia

SMS

Babilônia,

Flaubert sofreu com Madame Bovary.

Foram processados obra e autor.

O mesmo advogado que o processou também atazanou Flaubert com *Flores do Mal,* produzindo outro processo.

O nome do advogado: Pinard.

Depois se soube que o advogado Pinard era autor anônimo de uma coletânea de versos priápicos.

Flaubert divertiu-se muito.

Eu também.

Marte

SMS

Anche io!

CAPÍTULO 8

Le Bistrot Rive Gauche

Antonio dirigia antecipado, pneus seduziam a madrugada molhada, o asfalto ecoava reflexos das luzes, poças d'águas patinadas, *skyboard*. O ronco do motor fervia nervos. Ao seu lado o colega. Antonio e Alfredo não conversavam, raramente se olhavam e jamais trabalharam em dupla em caso que fosse. Era estranho vê-los juntos, em rapidez em um Chevrolet duas cores, ano 1950, câmbio ao volante raspando marchas com raiva, com os dois cruzando imagens refletidas nos vidros. A rádio na frequência AM discorria sobre Jeová e os destinos finais do mundo, seguidos do dízimo: informava número da conta e banco. Entre o apocalipse e a aleluia ruidosa, um telefone tocava na rádio; era mais um indivíduo pedindo ajuda ao reino dos céus.

– Até hoje, não entendo porque porra você ouve essa rádio!

– Se soubesse, não ouviria!

Rua madrugada, piche com rachaduras, iluminada por lâmpadas amareladas, árvores sofridas, postes desalinhavando fios, relâmpagos longe, gotas respingando lagoas, melodias das fendas do piso. No Chevrolet, parado entre dois postes, no lugar mais escuro, com os vidros embaçados, Antonio e Alfredo fumavam. O *dial* do rádio corria para o Jockey Club, onde o *expert* em cavalos indicava as barbadas.

– Esse cara aí é um vendido. Sempre que entro na dele levo ferro.

– Mas faça como eu! Ele indica Almofajone para o primeiro páreo, eu descarrego na Cristalina.

– E aí?

– Perco da mesma maneira!

Riram, sacolejando o corpo maltratado.

– Cara, somos loucos sem drogas. Ouvimos o pastor de merda da igrejinha da mãe dele e nos ferramos nos *places*. E não saímos disso, cara!

– Somos obsessivos-compulsivos. – *Toc, toc*. E batia com os nós dos dedos fechados em punho na madeira do painel.

67

– Só falta procurar um psicanalista ortodoxo de trancinha!

– Só me trato com psicanalista insone, pois o inconsciente nunca dorme!

O riso chacoalhando o velho carro quase amarelo, amassado em cada porta que ainda fechava. O couro vermelho dos assentos cheirava a suor da nicotina de Blend; o cinzeiro transbordava bitocos de Macedônia sem filtro.

– Esse quebra-peito ainda me mata!

– E essa biscate? A filha do Ministro, qual o *pito*?

– Cara, o babado é complicado. É uma mulher que viveu em Paris muito tempo, fazendo curso de pós-graduação, se analisando em *lacanagem*. Tinha sessões duas a três vezes no mesmo dia. Uma vez, soube que ia a dez consultas de quinhentos francos no mesmo dia!

– Porra! Era louca de pedra!

– Não, é que o tratamento deles é diferente, tem um tempo do relógio cronológico e outro do tempo psíquico, o relógio atemporal. Cada consulta durava em média sessenta segundos!

– Relógio atemporal?

– Relógio sem ponteiros!

– E eu é que sou louco! Grana de roldão. Você é *viado*! Quinhentos francos! O cara retorna depois de sessenta minutos. *Viado*! Mais quinhentos francos...

– E nós é que somos loucos?

– Somos pobres! Demasiadamente pobres!

– Para dizer a verdade, o fato é que era assim. Quando fui segurança do Ministro na França... Paris, cidade cara, gostosinha de francesas, sainhas curtas, peitinhos balançando, loirinhas, Le Bistrot Rive Gauche... Batia muita punheta, até que pedi para o Ministro me indicar um puteiro, pois queria comer uma francesinha. Ele foi comigo, lugar fino, não sei o nome. Veludo em cima e embaixo, só VIP para lá e VIP para cá... Orquestra, comida de primeira, nem sei o nome do que comi, mas foi bom demais, champagne, champagne. Tinha cada mulher, alta, cada bucetão, cara. Fiquei com uma russa, que metia sem dó. O Ministro levou três francesas para a suíte. Meti como louco, a russa só gritava e metia. Não sei quanto custou. Ministério fez bom negócio, champagne, putas e *entrecôte*. – Riram.

– Na outra encarnação, eu quero nascer Ministro de qualquer coisa.

– A filha do Ministro é puta?

– Puta de outro nível, não de boate, mas do *jet*. Mulher de carteirinha, educada, formada, analisada, falando francês... Putas pernas dando mole.

– Você a comeu?

– Onde se ganha o pão não se come a carne.

– Verdade... Dá merda!

– Mas ela cruzava mole, mostrava a calcinha, cada coxa, que boca! O carinha que a está comendo pode morrer em paz. Foi abençoado. Puta mulher! Aquilo na cama é fogo divino!

– Você comeu?

– Divino inferno! Só de falar tô ficando de pau duro.

– Sai pra lá, Alfredo!

– Xô, Antonio!

SMS

Babilônia,

No aguardo da resposta...

Paradoxos deslizantes.

Fodedores contumazes.

Errantes no eu.

Você é minha Nabokov.

Eu sou Baudelaire.

Somos o duplo de Deus.

Marte

PS.: Tenho quase certeza que Nabokov leu Flaubert.

SMS

Leu!

Prefiro Sartre.

Não o Sartre filósofo, mas o folgado descolado, da Rive Gauche.

O carinha é o inconsciente e não aceita o próprio.

Feio de fora e lindo de inconsciente.

Entre o Ser e o Nada?

Sartre flutua na busca, os olhinhos dele foram arquitetados em olhares quaisquer. Cada qual uma perspectiva constituindo o todo.

Prefiro meu maluco: você!

E Deus?

Babilônia

CAPÍTULO 9

Comunhão dos mortos, duplo ao quadrado

A tela de Bacon, *Figure with meat*, o religioso pintado, dará início à criação do futuro Papa de Velásquez reconstruído. Papa algemado em sua jaula--trono. Fixado arroxeado. Rosto lúgubre, cinza, com algo na cabeça entre nobreza católica e mulas. Fanatismo de uma credibilidade a todo custo ou a toda prova? O poder é assim. A tela respinga a matadouro sagrado. As partes bovinas ao meio, morte e sangue. Carne que será devorada na comunhão do churrasco. Sangue e carne: colunas da fé. Um Deus gerado em barriga virgem para o sacrifício da carne. Os seguidores tentando afrouxar a origem animal. Religiosos escondem os pelos do corpo, o sexo, a morte como adoração, a carne desfigurada, sem prazer, devorada em prazer no ritual do almoço espiritual. Canibalismo contínuo das memórias inesquecíveis. Os rastros não se procuram fora, encontram-se dentro de cada célula. Milhões de anos arquivados, congelados e aquecidos a cada momento. Nada escapa à história. Somos frutos de caminhadas ancestrais, uma vez que a sobrevivência aconteceu também pela antropofagia. E o Deus interno de cada ser humano era aplacado em sua fúria com carne humana. Por que aplacá-lo com carne humana em sacrifício aos deuses? Sabemos a fome do que é capaz. Filhos devorados, mães, tribos, os mais aptos devorando a comunhão dos mortos. Não havia comida. Apenas sobrevivência. Deus projetado do íntimo da memória cria o Filho de Deus, o duplo, a ser sacrificado, assassinado. Depois devorado. Ressuscitado em cada um de nós. Cada célula de cada ser humano também é a sobrevivente assassina do outro.

Entre comunhões abençoadas naquele quarto, estavam Andréa e Onofre. Andréa:

– Salpetrière estudou profundamente a dinastia carolíngia. Por quê? Onofre:

71

– Tenho reservas em relação a meu avô, mas a sua pergunta é... Aceita tomar uma vodca?

– Aceito.

Pedras de gelo dedilham sob os dedos do delegado. Andréa, nua, aguarda. Ele, também nu, senta-se à beira da cama; dedos umedecidos no *drink* aspergem gotas sobre os púbicos, lentamente introduzindo a língua na vodca e beijando os lábios querentes. Ela apanha outro copo e bebe entre goles gemidos, gozo *on the rocks*. A cada gozo, mais solta, relaxada e bela.

– Delegado, isso vem do DNA?

Ambos riam dos balões aos ventos. O quarto de poucas estrelas de uma casta viciada em pobreza, andar de garças... Os ricos não frequentavam, local insuspeito. Os corpos formavam empenhos. Seios apontados aos cometas, torneada em vadiagem, descompromissada, filha do senador da República, psicanalista estudando Arqueologia. Adorava interfaces. Vivia duplo.

– Como você sabe, delegado, a Arqueologia chega até um ponto. A pesquisa tem como fronteiras as camadas das terras; depois, perde-se nas poeiras das estrelas, ou na imaginação do arqueólogo. Segui os passos de seu avô Salpetrière, persegui a Filologia, que não necessita de escavações e nem fim. Mas seu avô foi extraordinário na pesquisa das biografias das palavras. Um revolucionário dos achados dos caminhos. Seu avô, o Spinoza moderno. Aonde queria chegar? Não é somente minha a curiosidade, também a de Borges, que ilumina os sonhos de outro sonho, desliza os arquétipos que aparecem desaparecendo, até outro captar a materialidade onírica e construí-la em outro sonho, ou poesia, desenhando com a ponta dos dedos.

Delegado Onofre pintava com letras o corpo de Andréa, avermelhado de querelas e arrepios, pelos eriçados, molhava a colcha, coxas necessidades, enroscavam-se no infinito, plantas dos pés sobre o carpete envelhecido, apertados, convocando, lambiam, beijavam, gemiam, pediam, queriam, introduziam, rebate... Tentam retirar aceitando, dói e querem, movimentos, amores, cadela-cachorro, lambuzados, morde as mãos. Maria dos Prazeres das Dores. Dormem o injusto dos pedidos, o correto dos não desejados. Reza a vida. Dormem sobre o assoalho, o pau indolente escorregando manchas, demarcando sonhos. Ela suspira simples.

Despertam entre sirenes das horas tardias.

Calmos sob a ducha, limpam poetas de amores, o xampu vagabundo desmascarando odores. Vestem-se calmos, exaustos, calçam os sapatos. Ela abre mais uma vez a Prada, ele encaixa a Glock sob o braço, descem, pagam a conta ao gerente cego. Arrancam vagarosos, diluindo-se na avenida amanhecida. A rádio tocando *Time after time* em solavancos do asfalto, acompanham *Milles*, estacionam na lanchonete.

– Dois hambúrgueres com maionese, duas cocas com gelo e limão.

Animais recompõem-se. Sorvete de creme, cobertura chocolate. Simples olhares percorrem o sexo do delegado, enquanto os dele procuram os peitos duros. Suspiram. Pagam a conta, gorjeta de dez por cento, acrescem mais um pouco. Entram no carro e dirigem-se ao *shoppinico*. Lá o carro dela pernoitara. *Shoppinico* fechado, mas ele é delegado.

– Voltemos ao pré-vodca. Por que seu avô tinha interesse em Carlos Magno? Afinal somos duplo ao quadrado! – diz Andréa.

– O interesse de meu avô é simples, quase ingênuo, em relação aos primeiros navegadores. Estes encontravam-se mergulhados na solidão dos mares, face a face com a morte, sem bússolas, comida, alento ou fim. Navegavam céus de águas calmas a ventanias, em pedaços de madeiras que rangiam, assustavam, encolhiam, bebiam as gotas das chuvas, cheiravam... As velas regiam as batidas das calmarias, quando irrompiam as tempestades envergando cada nó dado, o comando difícil, raro; o simples da morte olhando a cada onda que arrebentava sobre o convés. Morte e proa, morte e popa... Sinto vergonha quando reflito sobre meus medos e ambições.

– Continua e gozo... – diz ela.

– Depois dessas viagens, meu avô se interessou pelas mulheres preferidas de Carlos Magno, depois pelos seus filhos. Pesquisou a vida das senhoras Gesuinda, Maldegarda, Ruhodaida, Alparda, Regina, Ethelinde. Também se aprofundou nas vidas solitárias dessas esposas. Meu avô possuía uma tela de Albrecht Dürer.

Andréa ajeita o cabelo, repuxando-o para trás, como quem não quer nada. As mulheres iniciam mentindo que não desejam, mas os cabelos escorregam em seguida pelo pescoço deslizando para os seios desejantes. Onofre observa e continua:

73

– Dürer pintou, em 1512, *Carolus Magnus*. Que fruto concebido! O olhar de Magno dirige-se para o lado direito, onde a espada empunhada demonstra a lei e o vigor. Do lado do coração, o mundo dominado pela cruz. O mundo será cristão de qualquer lâmina. A tela é reforçada pelo ouro e vermelho. Uma cruz domina a coroa incrustada de preciosidades. Carlos Magno, em nome de seu Deus, será o rei humano do mundo. Nos cantos superiores da tela, as nomeações de origem e futuro. Contudo, o que mais o fascinou em *Carolus Magnus* foi o seu projeto de integração do vivido em Roma, a criação da coluna do Império Romano Sacro. A arte que ele favorece a renascer, a arte carolíngia, é a síntese desse ideal. É o existido na antiguidade romana, adicionado ao poder de um novo mundo por ele gerado. A arte nas novas igrejas introduzidas pelos deambulatórios, os momentos de andar em silêncio, orando, aprendendo, refletindo... Os interiores das igrejas possuíam esses espaços de reflexão, de busca de razão ou fé. Peripatético de Carlos Magno. O que ele pretendia? Ele sabia que a única possibilidade de produzir um império aconteceria com a disseminação de uma única fé, de um único Deus, de uma única herança de arte, de uma única linguagem. Única linguagem. Essas forças são mais poderosas do que todos os exércitos do mundo. Os batalhões tomam posse do externo, Carlos Magno sabia que a fé, a arte e a língua dominam pelo interior do homem, navegando no que há de mais precioso: a alma. Acredito que era sobre essa temática que meu avô caminhava.

Andréa olhava-o da mesma forma como olham as mulheres fascinadas pelo homem eleito naquele momento. Onofre continuava a falar ao mesmo instante em que acariciava o púbis de Andréa, que ronronava baixinho, gesticulando ondas.

– Você sabe que o projeto de Carlos Magno era ser o representante de Deus na Terra. Império Sacro Germano contiguidade com Roma. Carlos Magno foi o inventor desse Cristo, ou a construção da gênese de uma religião... Magno desejava ampliar a inscrição "INRI – Jesus Rei dos Judeus" na cruz para "Jesus, Rei do Mundo". No projeto inicial divino da reorganização da realeza, Carlos Magno se fazia missionário, época em que o Cristianismo ainda se encontrava em sua infância, urgia desenvolvê-lo. Mas essa é história para nosso próximo SMS.

– Enviarei...

O silêncio se fez ternura.

SMS

Marte telúrico,

Penso em você sem cessar.

TOC?

Babilônia

SMS

Babilônia,

Labirintos de reticências.

Quero sua Lolita.

Marte

SMS

Marte,

Por que elegeu o TOC?

Lolita não se arrepende.

Executa.

Assim é. Sem TOC.

Encontramo-nos lá.

15 horas.

Babilônia

CAPÍTULO 10

Você cheira a vodca e mulher

Delegado Onofre contorna atrás do *shoppinico*, vira à esquerda e dirige-
-se à casa de Gualberto. Estaciona o carro na rua, olha para os lados, mão
direita dentro do paletó, indicador engatilhado na automática, correndo a
rua. Gira a chave da porta, entra no prédio de seis andares. Jardim ao lado
escuro, elevador lento, zelador dormindo, gato âmbar na janela vigiando
o luar escondido; a mão ainda dentro do paletó, ele sobe pelas escadas de
serviço, para à frente da porta, entra no elevador, aperta o sexto andar e fica
ao lado esquerdo. O elevador sobe lentamente, abre-se diante da pequena
cobertura que ele e Gualberto compartilham. Toca a campainha, toca novamente, senha. Gualberto dá cinco pancadas. Não aceitava a morte como
efeito colateral do trabalho. A porta se abre, abraçam-se e beijam-se.

– Onofre, você cheira a vodca e mulher!

– Deixe disso!

– Você cheira a mulher e vodca!

– Aceito... E sente-se aqui ao meu lado.

– Ah! Esses homens insaciáveis! Sempre atrás de alguma perseguida!
Mas a mim não afeta, aliás não deveria ter dito nada. Sou mais do que
qualquer mulher!

– É verdade!

– Preparei o jantar para você.

– Vou tomar um banho rapidinho!

– Limpe muito bem as coisas.

Gualberto, em seu humor leve, vestindo roupão cor de ouro, brincos
flores do Caribe, salto alto vermelho, boca pronta. A comidinha caseira com
carinho preparada.

– Você quer que eu te prepare outra vodca?

– Dose dupla... Tem caju?

– Claro, aqui temos de tudo, não é casa de mulherzinha! Com adoçante?

77

– Pura.

– Vamos viajar...

– Qual lugar?

– Ravenna.

– Por quê?

– Conversamos no voo...

– Estou nas asas...

– Vamos conhecer a Basílica de San Vitale. Revelação última de Bizâncio, imperador Justiniano... Os mosaicos de sua esposa, a imperatriz Teodora...

– Onofre, o que realmente te interessa?

– O mosaico que mostra o banqueiro grego entre o imperador Justiniano e o bispo. Seu nome e vida, *Iulianus argentarius*! Império, banco, igreja.

– Vamos jantar...

– O que temos?

– Além da curiosidade?

– Prefiro pato com laranjas.

– Filé Chateaubriand, por favor.

Riram como cajus amigos.

– Basílica do banqueiro ou de San Vitale?

– Duplos.

– Saúde!

CAPÍTULO 11

Detetive glotocronológico

SMS

Babilônia

Quis custodiet ipsos custodes?

Quem guardará os guardas?

Marte

SMS

O capital.

PS.: Questão em aberto: qual o duplo de Deus?

Babilônia

O encontro marcado em frente ao Mosteiro de São Bento, clássico bar Girondino, tomamos alguma coisa e conversamos. Era uma combinação paulistana, mosteiro quase celibatário, cinza, espaço não público, arranha-céus que teimam em destruir horizontes, construídos por engenheiros artistas iguais às janelas quadradas, maltratando São Paulo. O bar francês caboclo paulistano. O local fervilhava, e acomodei-me à mesa, protegido pela meia cortina que recobre a janela, mostrando metade dos corpos andando lá para cá. Torre erguida ao cinza de uma piedade aparentando estoica. Surge o terno escuro de Assis, trazendo seu rosto sacristão, perverso infantil submisso, olha-me, e o sorriso abobalhado acompanha o aperto das mãos. Sentamo-nos. Sabia que Assis utilizava o cilício, imitava o príncipe virgem Henrique de Portugal, o filho de João I. Gesto de furar a carne, produzir feridas, infeccioná-las, doer, conviver continuamente com a carne apodrecendo, escarificações, sangue, pus em lugar do doce prazer. Assis mostrava-se inquieto, sentou-se e falou:

79

– Caro Onofre, ao ponto! Seu avô, desde que o conheci, interessou-se pela Filosofia. Recordo-me quando comentava o Spinoza do *Trattato teologico-politico*, publicado pela Rusconi. E, lá, em seu erudito italiano, mostrava que o filósofo havia demonstrado que, em hebraico, "espírito" significa "mente ou sentimento", e lia o texto com respeito contínuo e voz alta: "*e che perciò la stessa Legge, inquando explica il pensiero di Dio, è chiamata Spirito ou Mente di Dio; per cui, com eguale diritto, límmagininazione dei profeti, in quanto per essa se rivelavano i decreti di Dio...*". Seu avô Salpetrière foi um homem de inteligência desmedida, culta e ambiciosa.

– Ambicioso?

– Sim, caro Onofre, seu avô desejava chegar às origens... Nada mais normal que isso aconteça na mente de um pesquisador e estudioso como ele. Os profetas são tentativas de duplos de Deus; os sábios penetram adiante, são o outro que se mistura nos espaços produzidos pelo duplo e o outro. Todo verdadeiro pesquisador sonha em tocar o início. Buscam a genética do processo, saciam a vontade quando se aproximam da gênese. Seu avô faz muita falta, é ausência não permitida, é vazio não preenchível. Tinha o que raros possuem: a curiosidade do conhecimento. Hoje, a grande maioria é estatisticamente repetitiva, revestida pela busca por dinheiro e, quando o encontram, embriagam-se, engordam, compram o mesmo automóvel, frequentam os mesmos restaurantes, geram filhos, depressão... Vivemos o século da depressão. A depressão é o duplo da sociedade atual. Vivemos a ilusão do poder, e você bem sabe que somente busca o poder aquele que não possui o Eu. O Eu do poderoso está no exercício do poder, na humilhação dos subjugados. O poderoso não tem Eu. Deprime-se por infindas razões, mas o cerne do deprimir é a ausência de asas. Seu avô possuía asas, raridade... Permitia que voássemos em suas asas. O poder maior é não se amedrontar diante dos sagazes; é produzir escadas que permitam ao outro crescer. Raridade em nosso mundo atual, dividido entre duas seitas religiosas: o capitalismo e o comunismo. Os dois maiores blefes da modernidade. Religiosos travestidos em brilhantina e barbichas.

– Meu avô tinha asas maiores que ventos. Mas a irrupção da verdade abrupta pode balançar estruturas poderosas, que nunca imaginaram serem atingidas um dia ou nos próximos séculos. O delírio maior é o da perpetuação. Acreditar-se possuidor da verdade eterna. Assim são os comunistas e os capitalistas e seus sustentadores espirituais, os religiosos. O conservador é contrário à Filologia que busca as origens. É uma ciência profunda, delicada, ardilosa, que exige do filólogo profunda erudição, pensamento analítico, intuição felina e capacidade de suportar pacientemente a construção desse labirinto humano que é a linguagem. É a construção pausada, paulatina, delicada de diagramas em forma de árvore. Os galhos se entrelaçam, mudam de direção, jamais são extintos. A dança das folhas dependuradas em cada galho é acompanhada pela dança das raízes que dançam o interior do mundo. Galhos, folhas e raízes sustentam o caule. A língua que falamos hoje é fruto dessa maquinaria verbal, escrita, cantada, dançada, florestas de árvores de portes, copas e raízes distintas na busca de unidade. Busca. Cada parte do corpo redige ao menos uma letra, seja arabesca, cuneiforme, latina... O fundo da superfície do entendimento está nas raízes que se afunilam, contorcem-se, criam rizomas em florestas de línguas, babéis que entoam cantos quaisquer.

Silêncio. Respiração acelerada, que aos poucos se acalma. Onofre sabia o que significava aquele momento de quase revelação. Continuou a falar:

– Todo filólogo mais cedo ou mais tarde adentra Babel. Havia uma profusão de línguas, criatividade humana. Babel, meu avô ensinava, não é confusão, não é ausência de comunicação, é criatividade, sobrevivência dos agrupamentos humanos que criaram distintos dispositivos para se comunicarem. O aprendizado da língua do outro exige humildade em reconhecer o outro em seu código. Quanto mais línguas, mais mundos descritos. A perpetuação das línguas é destino da humanidade. Em Babel, construía-se um sonho. Sonho? O que seria da ciência se não houvesse sonho? O mundo da coisa em si, da realidade concreta seria simplório. As linguagens dos arquitetos, construtores, reis, sacerdotes, escravos... Milhares de línguas em sons e significados. Babel é frequentada por psicanalistas, arqueólogos, músicos, historiadores, políticos, teólogos, médicos... A infinidade de profissionais e cada qual com sua língua e linguagem particular, que comunica, sempre comunicam... Babel encontra-se viva em imagem criada por inúmeros artistas. Provavelmente os que mais se interessaram na transmissão de uma imagem sólida de Babel foram os holandeses do século XVII, época das máquinas maravilhosas. É provável que o interesse de meu avô em Babel tenha sido a busca da particularidade da linguagem, a imagem da linguagem.

Assis não piscava os olhos, respiração superficial. Não pretendia incomodar seu raciocínio, não perdia palavra, construía um mapa das frases, silenciava ouvindo. Recordava o mesmo desejo do Príncipe Henrique, que queria enriquecer seu Reino com as descobertas, assaltos, ouro, especiarias, e desejava fazer de Portugal uma potência católica. Henrique vivia o conflito entre a descoberta, a conquista do mundo e o tráfico de escravos, o comércio e as cruzadas. No entanto, a verdade era outra; desejava invadir a lenda do oceano desconhecido e, com isso, aproximar-se da maior riqueza da sua época: especiarias. O mundo revolucionou com os aromas, cheiros e perfumes, além do incenso. As cruzadas tinham como fim Jerusalém, tudo isso para o povo crer. Henrique refugiou-se solitário por 50 anos no penhasco de Sagres. Sabiamente, o príncipe alinhava-se à Santa Sé, que determina os reinos do mundo. Era o mesmo sonho de Carlos Magno. Assis ouvia em sofrimento ciliciar, desenhando na face a imagem inquisitória. Assis ouvia com prudência o delegado Onofre. Salpetrière ensinava o verdadeiro caminho ao poder absoluto, que não se encontra na conta bancária, muito menos nas catedrais, mas está dentro da alma: o conhecer. O conhecimento é o duplo de Deus.

– Meu avô dedicava-se à pesquisa, nunca perseguiu o Reino de Preste João, que ria do temor do ser humano em morrer. Dizia que a busca do reinado mítico acontecia por meio da divulgação, que escrevia cartas aos poderosos informando da fonte da juventude. Meu avô citava Spinoza desde quando eu era criança. Dizia que o pensamento espinosano se estruturava na nervura real da alma. Sem a língua seria impossível a cultura, a ética, a sociedade como a desfrutamos. Eu me recordo de um desenho que meu avô fez e mantinha dependurado sobre a sua escrivaninha. Era pequeno, colorido, com dizeres complicados para um menino como eu. Recordo que dividia palavras em famílias, e cada família descoberta emitia uma luz diferente em seu olhar, um brilho díspar, mistura de alegria e medo, coloria cada família em uma tonalidade privada. Meu avô falava poesia e escrevia como pintor, a palavra eleita era uma pincelada perseguida, a tela correspondia ao romance verbal que construía. Não havia diferença entre ouvi-lo e ver um quadro. Citava Van Gogh, "Um par de botinas transformava-se em poesia". Meu avô constituiu uma família linguística, ele era a essência da pesquisa filológica. Acreditava que a resposta se encontrava na arqueologia das palavras, no momento, no ser humano que o vestia, na sua classe social, nos seus desejos, na sexualidade, no desprendimento... Assemelhava-se aos desenhos que realizava para captar a ideia da comunicação, palavras de Van Gogh em suas telas. No entanto, era ambicioso, desenhava na busca do desenho único, aquele que abarcaria a origem de todas as suas pesquisas...

– Onde se encontra esse desenho? – escapa rápido a pergunta de Assis. Tenta disfarçar, ajeitando o nó da gravata e pedindo uísque escocês da Lagavulin Distillery. Vulcânico e trufado. Puro sem contaminações. O som de piano e Beethoven surge, aliviando o existir, *Appassionata*. Brindam e degustam especiarias. E Onofre retoma a fala:

– Havia uma pequena sala no sítio do Amor Picado, com uma mesa, que servia de prateleira dos livros, uma poltrona de palhinha da Índia, uma cadeira recoberta de acolchoado que minha avó fizera; na parede, uma foto do último instante de Yogananda, lembrança de sorriso fúnebre vivo, uma lareira que funcionava como fazedor do melhor feijão do mundo, lento, fervente, mas não muito, que exalava cheiro a distância, e, sobre a parede da chaminé, o desenho. Um dia meu avô estava agitado como nunca o vira, dirigiu-se de imediato ao desenho e o lançou ao fogo. Minha avó não disse uma palavra, eu era criança e não entendi nada. Apenas recordo de meu avô descabelado, olhando para o nada. Acredito que, nesse instante, nasci.

– Forte... São momentos fortes que alguns possuem o privilégio de ter. A maioria continua larva, você virou borboleta, qual Rossana Rossanda... Que lástima que ele o tenha queimado. Não tem a menor ideia do por quê? Alguma sugestão?

– Utilizarei de Rossana. Das crianças, dão o direito de serem privadas do passado, enquanto os velhos são privados do futuro...

Tomaram mais do uísque em silêncio.

– Meu avô enveredou pelo duplo, sitiante e detetive glotocronológico, estudava na linha do tempo a transformação das línguas, a criação de outras. Informava-me que o trabalho era extenuante ao mesmo tempo em que o satisfazia, perseguindo junções e articulações linguísticas, fonemas, sons, como se tivesse uma lupa em suas mãos. Não é à toa que eu, menos capacitado do que ele, fui duplificar-me segurando a lupa detetive-policial. Meu avô era fascinado pelo conhecimento da criação humana. Um sábio sem permitir-se envolver com supérfluos, privilegiando a dúvida e o conhecimento, nessa ordem.

– Grande mestre foi o seu avô. Felizes dos que puderam contatá-lo por pouco que fosse. Um encontro bastava para sermos inoculados pela sabedoria e pela criatividade; porém, havia uma busca incessante, rítmica, árdua, que não revelou a ninguém. Pode ser que você tenha razão. Seu avô não era apenas mais um especialista que não se importava com a fama ou o dinheiro que dela viesse. Preferia o valor do conhecimento em si. Mas o que buscava?

– Acredito que foi assim o caminhar de sua existência. Meu avô acreditava que a palavra ditada pelo Espírito Santo escondia gramática ou alma divina. No entanto, não enveredou pela imaginação judaica, não caminhou pelas Cabalas em busca de letras maiúsculas ou minúsculas. Não acreditava que Deus se pronunciasse por armadilhas ou jogos de somar ou subtrair. Não imputava a Deus qualidades humanas como bondade, justiça, poder, reinado, paternidade. Para meu avô, Deus se expressou ao pequeno homem por meio de uma partícula ínfima de sua linguagem. Deus é Babel compreendida somente por ele. Toda a busca decifratória é circense. Meu avô não buscava decifrar, buscava o outro. Também não desenvolvia o catolicismo como verdade; considerava o processo religioso católico um arrazoado de alegorias hebraicas sustentadas por Platão e Aristóteles. Era assim que pensava meu avô. Preferia o caminho da etimologia. A construção dos significados das palavras, suas alterações inclusive de significados, o que é comum. Entendia que refletia a alma humana, volátil, buscando significar--se até o infinito... Aí nesse ponto infindo, poderia ter um contato fugaz com a divindade. Sem decifrá-lo, missão ridícula ao limitado homem que busca compreender, entender ou rezar ao infindo. Todo ritual não é divino; é criação humana primitiva. A busca etimológica do início se encontra nas pegadas de Babel. Quem sabe lá nos primórdios não se poderia vislumbrar um início de uma partícula divina?

Na expressão de Assis ciliciado, as rugas não aconteciam, surgiam. O movimento indelicado do lábio superior escondia a pressão interna que não desejava revelar. Queria que Onofre se sentisse confortável, desejava que saísse desse encontro com a certeza de que ele acreditou em tudo o que fora dito. O duplo de Assis deslocava-se de santo, o outro, assassino. Mantinha-se educado e formal, olhava sem linces, escutava. Escrevia o número 16 no lenço. Onofre viu e fez que não entendeu. Abaixo do número 16, escreveu duas vezes o número 16. Onofre continuou a olhar, como se não houvesse entendido.

– Caro amigo, preciso ir. Tenho um encontro em instantes na Cúria. O senhor Bispo me aguarda para conversarmos e decidirmos sobre assuntos eclesiásticos. Política vaticana, uma lástima humana.

– Que pena, Assis... Iria convidá-lo para jantar.

– Para uma próxima, não faltará oportunidade. Boa noite!

– Boa noite.

Onofre compreendia que a situação era delicada. Não sentia medo, mas pressentia que sua vida corria riscos como jamais acontecera. A luta com bandidos em trocas de tiros era primária. O ir e vir serpentino das mentes que guardavam pressupostos era alarme de conflitos intranquilos. Fanatismo é invencível, pois é ilógico, apaixonado, crente e inverossímil. Descentralizar a fé de um crente é torná-lo suscetível à sua fantasia. Ou loucura. Observava Assis se afastando, batendo forte o calcanhar no piso, sinal de que gostaria que não tivesse acontecido. O andar duro batendo entre as mesas do bar marcava o compasso das memórias do delegado, chacais batendo duros cascos na terra seca à procura. Sobreviver e reproduzir, surgindo Darwin.

– O senhor deseja fazer o seu pedido? – perguntou o velho garçom.

– Jack Daniel's, duplo sem gelo, e sanduíche de mortadela italiana em pão italiano. Caseiro italiano.

SMS

Marte,

Em que labirinto se esconde?

Tenho um receio que nunca senti. Estou envolvida com você também.

Entrei por uma porta desejada. Não, não me arrependi.

Sei que estou a um fio da morte. Fio de Ariadne. No entanto, confesso, essa é a
palavra.

Confesso que vivi, nesses últimos tempos, anos além do que pudesse imaginar.

Os homens, a loucura, a paixão, o sexo, a divindade.

Quem é você?

Minotauro?

16?

Babilônia

SMS

Babilônia, necessito de você.

Sei que você tem vários... Ainda escorrego nessas questões típicas de burguês
proprietário.

Não acredito em propriedade, proprietários.

Não acredito na posse. Vale quantos anos? A vida de setenta ou oitenta? Posse
do quê? De quê falamos?

Isso realmente não me interessa.

O corpo é seu.

Reconheço que a encontrei libertina. Por isso estou...

Detesto mulheres dependentes. Bebês imaturos que não se atrevem ao labirinto.
Crianças que continuam no colo do pai.

Quem sou eu?

Labirinto do nada.

16, 16.

Eu sou um cara que também tem certeza de que se encontra a um fio da morte.

Por quê?

Porque escolhi a vida. Riscos, vantagens. Virtudes.

Confesso, esse é o coringa do jogo.

Confessar?

A quem?

Confesso a mim mesmo ser um perdido entre o caos da vida e da morte. Esperando diariamente a velhice que me aponta em lugares todos. A vida--labirinto. Sinto pânico da morte. Desconhecida.

A miserável vidinha dá arrepios de desbravamento, enquanto o ser arca ao peso da despedida.

Confessar a quem?

Ao duplo de Deus?

Prefiro outro.

Marte

SMS

?

Dezesseis?!

Babilônia

SMS

16... É número místico. Pitágoras, outro labiríntico em busca numerológica.

Deus 1. Prefiro Deus 0.

Por que o procuramos?

O que dizer a Ele se o encontrarmos?

Agradecer a vida miserável que levamos?

A criação do homem?

Deus nos livre dessa hipocrisia.

Místico de mistério ou mistério de místico?

Somos mistério de um para outro.

O encontro da carne aproxima as almas.

As almas quando se encontram procurando carnes.

Somos amantes de carnes.

Somos ausentes de almas.

Carne de segunda, só músculos, se vende nos labirintos dos *shoppinicos*.

Marte

SMS

Marte,

Marte filósofo-cristão.

Existe filosofia cristã?

Essa é uma pergunta que o grande Gilson responde com genialidade e erudição. No entanto, a única verdade em relação à filosofia e à cristandade é que cada uma caminha em seu próprio território.

O da filosofia é a busca da razão.

A cristandade é a da salvação.

René Descartes foi o revolucionário maior. Distanciou-se de tal forma da filosofia da Idade Média que parece que nunca existira.

Todavia, Descartes marca suas meditações com a prova da existência de Deus e da imortalidade da alma. A partir daí, procura a razão, impõe a dúvida, desaloja o bom senso.

Não, não existe filosofia cristã; o que de fato é real é a religião cristã.

Qual o duplo da igreja cristã? Seria simples responder Anticristo. Prefiro crer nas catedrais labirínticas, plenas de segredos e senhas. Qual o duplo das catedrais?

Estamos os dois na mesma barca de Noé, ou na escada de Jó?

Tentamos desvendar o que milênios procuram.

A escada de Jó da tentativa do Conhecimento.

Seria essa a Árvore do Conhecimento?

A impossibilidade de comer o fruto de onde viemos, Deus?

No entanto, como descobrirmos e, ao mesmo tempo, abrandarmos as paixões humanas?

Como possuir a Árvore e continuarmos animais humanos?

Como fazer caber Deus dentro de nossos limites animais?

O duplo de Deus caberia dentro de nós.

A linguagem divina é um dos duplos de Deus que aluga nosso corpo.

Quando fazemos amor?

Babilônia

CAPÍTULO 12

Chinelas douradas

Gualberto peregrinava chinelas douradas, lenço rosa na cabeça, laço, maquiado rubro fugidio, cabelos eriçados, pontas prateadas, argolas de ouro entrelaçavam, ele mesmo as fazia, tinha como passatempo a ourivesaria, adorava fios de ouro sem eixo, finalidades tramadas sem nós... Sua simplicidade, em vestidos colantes, o seio à mostra para quem pudesse olhar, não guardava segredos. Bunda musculosa para cima e para baixo. Diante do fogão, preparava o prato predileto de Onofre, omelete *funghi*. Estalava a língua e lambia até onde alcançava, assava o pão caseiro italiano, crocante, azeite de primeira. Orégano. Pitadinha de alho moído na hora. Manteiga pouca, francesa, sem sal. Ao fundo, o rádio conectado na frequência FM cantava Noel Rosa, acompanhava harmônica.

Com que roupa eu vou/
Ao samba que você me convidou/
Com que roupa?

O chiado da frigideira, o alho circundante, a salsinha brejeira, um bocadinho de orégano, pitadinha de sal, ovos mexidos, remexidos, o *champignon* preparado, nuvem saborosa. O vinho Malbec evaporando histórias, cálices aguardavam sem pressa, ralar o queijo de cabra em ponto fino, lançado sobre a omelete. Prato branco cercado de salsinha fresca.

Onofre, de movimentos rápidos cansados, desfazendo o nó da gravata, aproxima-se de Gualberto. Abraçam-se da mesma forma como se amam.

– Ah! Essas omeletes inundaram o prédio todo. Senti o cheiro lá da portaria.

– Onofre, pare com isso! Até a portaria? Impossível.

– Posso comer?

– Onofre, vá tirar essa roupa de delegacia, enquanto termino a salada.

– Ótimo! Ducha e retorno!

Noel cantava acompanhado por Gualberto.

91

E o povo já pergunta com maldade/
Onde está a honestidade/
Onde está a honestidade?

— Esse Malbec é legal, me foi recomendado pelo sr. Julio, da venda.

— É honesto. Saúde!

— Saúde!

— Bom apetite!

— Uauá! Está ótimo! Melhor que o do Chez André. Lembra?

— Inesquecível. Foi a melhor lembrança que tive. Paris linda... Frio, tremendo, que jantar gostoso, romântico, somente franceses conseguem...

— Minha vida em Paris foi saborosa e você sabe disso.

— Sei...

— Eu precisei me virar aqui, nessa terra de pré-conceitos e moralistas. Eu não conseguia emprego, moradia ou estudo. Primeiro viam o travestido. Nunca enxergaram o ser humano aqui dentro. Tratado nessa terra como uma mistura de lobisomem com urubu!

— Calma, Gualberto, águas passadas. Estamos em outra.

— Encontrei o Assis. Aliás, ele me encontrou...

— Não entendi, Gualberto.

— Eu percebi que, desde que saí daqui, um cara me seguia. Comecei a andar mais depressa, imaginando um daqueles antigos clientes ou um desses que quer me matar porque não sou espiritualista e macho como ele.

— E?

— Bem, estou nervosa. Você sabe que eu nunca gostei desse Assis. Ele tem cara de raposa, não olha nos olhos, é assexuado... Aquele rosto, em nome do Deus dele, mata qualquer um. É assassino camuflado. Eu sei que você não acredita em uma palavra do que eu digo, mas, Onofre, tenha cuidado com esse assassino. Sei que foi amigo do seu avô, blábláblá, mas ele não presta. Não presta. Sinto o cheiro de homem safado, bom, enrustido. Ele é um assexuado mau!

— E como Assis te encontrou?

– Estava descendo em direção à Avenida Nove de Julho. Comecei a apertar o passo e o cara atrás de mim acelerando, próximo ao bar do Corcunda, irrompe o faceiro Assis. "Olá, Gualberto, que surpresa agradável! Há tempos não nos vemos? E Onofre como vai?". Assis me apanhou pelo braço com elegância e determinação. "Vamos tomar um drinque aqui, adiante, no Hotel Luxor tem o melhor caju amigo do mundo". "Eu ainda acho que é o do antigo Pandoro!". "Aqui é supimpa, superior. Não contando os acompanhamentos inesquecíveis. Vamos!". E, me segurando determinado, fui.

– Omelete estupenda! Você está mais e mais linda e magnífica do que nunca...

– Obrigada, sei que é sincero. Mas eu preciso continuar com essa conversa chata.

– Mais um Malbec?

– Nossa! Outra taça, por favor.

– *Salute!*

– *Salute!*

– Onofre, você sabe o quanto eu te amo.

– Você também sabe o quanto eu te amo.

– No entanto, Onofre, você me desdenha quando entro em assuntos que são invasivos à sua profissão. Mas isso que está acontecendo, não sei, eu não gostaria de saber, mas a minha intuição feminina me coloca de sobreaviso. Essa história que o Assis está procurando, sinto o farejador. Não sei, não quero saber o que ele fareja, mas que está nos seus pés, está. Encontra-se a fim de resolver. Deve ter muita gente envolvida. Pronto, desculpe-me, falei!

– A salada com esse molho que você inventou está estarrecedora.

– *Salute!*

– *Salute!*

– Abro mais um Malbec?

– Deixe que eu mesmo o faça, por favor.

– Vamos tomá-lo com esses queijos que comprei.

– Já estou indo para a sala.

Gualberto aproxima-se da vitrola e coloca o vinil Debussy, os clarões melancólicos de belezas invadem o espaço. Onofre senta-se a seu lado. Brindam à vida e ao amor.

– Onofre, me conte sobre o Assis!

– Você tem razão em tudo o que disse. Deve ter sido perseguida. Assis não surgiu por acaso. Estão atrás de mim. Estou atento, receoso em te colocar nisso.

– Você não tem nenhuma responsabilidade, sou sua mulher!

– Mas eu não queria isso. Tudo menos isso: você ameaçada. Essa foi a mensagem. 16, 16 e 16. É o início de um jogo que conheço. A mensagem é direta para mim. Sabem o que você representa em minha vida... Tudo! Amo-te loucamente. Sabem que você é meu tendão de Aquiles. Eles não perderiam essa única oportunidade. Você deve escapar daqui e já!

– De maneira e de jeito algum. Estou com você não é de hoje. Você é minha existência. Você sabe disso, o mundo sabe disso. Se você morre, também morro.

Selam o pacto da vida com um longo beijo de amor.

SMS

Babilônia

Pensei que preferisse...

Veja-me, preciso.

Precisamos!

Marte

SMS

Estou indo...

Encontre-me lá às 4 horas.

16, 16, 16, 16.

Babilônia

CAPITULO 13

Cada um habitava um duplo

– Assis? É o Onofre...
– Sim...
– Ok.
– Hotel Nacional às quatro.

Assis vivia em distintos locais, em cada um habitava um duplo. Brasília, capital do império, a eleita. Lá, estabelecera sua base de negócios e afins. Tinha múltiplos sócios de diferentes calibres. Comunicava-se com senadores, ditadores, presidentes de várias partes do mundo, com a facilidade dos acolhidos. Articulava de tudo um pouco, de construção de submarinos a fazendas leiteiras, o petróleo é nosso. Dava preferência à energia elétrica. "Quem não precisa de uma lampadazinha? De banho quentinho?". Conhecido há décadas de Onofre, desde antes de ser o delegado-chefe. Assis assemelhava-se a um bolo de chocolate rodeado por obesos de distintas circunferências. Contudo, os mais difíceis de se contentar eram os ratos magros. "Dinheirinho neles!", cantarolava Assis entre ladainhas.

Assis e Onofre eram íntimos do ministro, pai de Andréa, que também vivia em Brasília por causa do risco da caixa preta. Assis e o ministro, como todos, odiavam aquela cidade, construída em forma de avião sem cabine de piloto, insalubre! Só em cabeça de arquiteto! Viajar durante 12 horas é diferente de ter que viver dentro de um avião. Cidade estruturada para o desencontro, ausente de praças aconchegantes, daquelas ruas de cafés, daquela lojinha. Brasília arquitetada é o duplo da camarilha poderosa que lá vive. Falsos, colegas de interesse, formadores de quadrilhas, inóspitos, piores que prostitutas de luxo (cobram muito e não gozam), gordos, obesos, risonhos, falsos, perdulários, mentirosos, quase canalhas, sejam os habitantes passageiros ou os políticos. Brasília, cidade delírio. Inóspita, desumana, fria, produtora de cocaínas e alcoólatras. Brasília, cidade doente. Às sextas-feiras pela manhã, as passagens vendidas, todos que podem fogem do hospício frio, executivo e mafioso. E cada qual respira aliviado da distância de Ali Babá e milhares de malfeitores. Depois, retornam. O vício é trágico, pior do que heroína. Brasília, avião estacionada sem motores, sem céus.

Foi Assis quem procurou pelo jovem delegado promissor e apresentou-se como antigo amigo de seu avô. Não queria importunar o retiro do sábio Salpetrière, mas gostaria de se aproximar do neto.

– Seu avô legou à minha existência paz e sabedoria. Devo a ele coisas que me foram esclarecidas e vividas. Com o tempo, o jovem delegado saberá, pois possui acuidade, genética dos Salpetrière, de compreender. Seu avô e eu nos conhecemos por meio de cartas. Tínhamos, por acaso, um amigo comum, um professor já falecido da Universidade de Praga. Homem de envergadura complexa. Seu avô e ele pesquisavam assuntos que foram me fascinando; tinham como um dos pontos da pesquisa as origens do Sacro Império... E nosso fascínio pela Antiguidade, principalmente pelo Egito... Mas isso é para outros momentos...

Nosso local de encontro, o Hotel Nacional, hoje espaço decomposto dos anos 1950. Vidros, espelhos em profusão, mesas redondas vestidas de branco, múltiplas janelas, as paredes dançavam redondas sem cantos, afunilavam-se como proa... O luxo das arandelas dependuradas, os serviços de antigas baixelas de prata, os vasos de flores artificiais. O vermelho combinando com o verde. Ao fundo, o piano de caudas tocava calmo, mas o que determinava era a dança dos garçons velhos, que, sem perceberem, dançavam nos passos uma contradança que, diferente da dos garçons da rua Oscar Freire, era calma em letargia. Tentavam imitar a aristocracia francesa, esnobe, vagarosa e malcheirosa. Os garçons-mordomos – aliás as únicas pessoas decentes do entorno.

– Boa tarde, Assis.

– Sempre pontual e de aspecto quase saudável. E Walt Whitman como vai?

– O amigo e surpreendente Whitman, a cada releitura um novo Walt. Ninguém escapa de estar com Walt Whitman, arranhado, mais profundo do que garras de leopardo. A revelação é contínua, a mistura do sacro-animal me transporta para alguma parte melhor de nós. "Divino sou por dentro e por fora, e torno sagrado tudo o que toco e me toca./O perfume destas axilas minhas é mais fino que uma prece,/Esta cabeça é maior que as bíblias, igrejas e credos". A síntese entre o mundo espiritual e o orgânico; assim, aprendi a reconhecer os humanos como seres divinos divididos. A cabeça que suporta carrega os reinos dos deuses, o perfume humano escorrendo pelas axilas sublima incensos. Exalamos perfumes contínuos na harmonização do mundo animal, inseparável do divino. Animal de duplo *psique, psique* duplo do animal.

– Essa canção de mim mesmo é uma das pedras filosóficas, a que toca a essência do que fazemos por aqui. O amanhecer na minha janela deixa-me mais satisfeito do que a metafísica dos livros. Ela nos leva ao encontro de nós mesmos. Onofre, o que seriamos sem as palavras? Significá-las é a arte maior. Seu avô Salpetrière levou a vida na busca das articulações que construíram o instrumento dos poetas: a palavra. Sua figura recordava a de Walt, um apóstolo na busca da verdade. Aquela foto do Walt em seus andrajos rudes de simplicidade destaca o olhar dirigido aos chãos, perscrutando a terra, a primeira roupa de Adão. E de lá voa em direção ao infindo. Sua nave é a palavra, sua bússola, o talento, e sua intuição, o caminho.

– Meu avô perseguia a verdade dele. A verdade era o duplo de meu avô. No entanto, distinta daquela proposta por Zoroastro. Meu avô não dividia o mundo entre a verdade e a mentira... Assis, na *Canção de mim mesmo*, a primeira estrofe cria o destino: "eu celebro a mim mesmo, e canto a mim mesmo/e tudo que assumo você deve assumir,/pois cada átomo pertence a mim tanto quanto pertence a você". É aquilo que os homens de boa vontade procuram em suas profecias. Não há povo eleito, não existe o melhor ou o pior. Somos.

– Suas meditações ensinadas procuram encontrá-la. "Fico deitado sem preocupação, observando uma espora da grama de verão".

O silêncio aconteceu entre Onofre e Assis.

Suspenderam, por momentos, os conhecimentos e apenas absorveram os perfumes de cada átomo que circulava neles. Cada partícula que tocava seus olfatos reportava-os para um instante da alma; colocar em suspensão o apreendido, sem descartá-lo, depositá-lo ao canto distante, e permitir que o espírito se espreguice e voe para locais em que sempre esteve. Foram despertados pelo garçom, que se aproximou, treinado, de forma delicada:

– Senhores, desejam beber alguma coisa?

Assis esticou o suficiente a manga da camisa para permitir que o Rolex surgisse:

– Ah, já são quase 18! Hora do meu Bourbon.

– Jack Daniels, triplo *on the rocks*...

– O que o mestre Salpetrière deixou em testamento?

– Legou o sítio do Amor Picado, suas vacas, galinhas e trabalho para a minha velhinha avó. Venderemos o sítio. É necessário, ela está só e cada dia mais idosa. Ela aceita a mudança, compreende os ciclos, entende que nada é definitivo.

– E os livros? Onde estão os livros? Com você?

– Nunca vi livros no sítio. Não havia um único livro. Minha avó deu--me, e eu te ofereço, algumas garrafas de vinho produzido por ele, são de excelente qualidade. Meu avô era realmente surpreendente. Se quisesse, teria uma fábrica de vinhos.

– Seu avô é ainda mais surpreendente do que você! Pode imaginar.

– Velho sábio e afetivo. Trabalhou diariamente. Nunca o ouvi reclamar de dor ou da vida. Viveu a vida com dignidade.

– Surpreendente o fato de um homem sábio transformar-se em *sitiante* na parte produtiva da sua existência.

– Eu o conheci caboclo...

Nesse instante, irrompeu no salão uma pessoa encapuzada de verme-lho; arma em punho, apontou em direção a ambos. Onofre, sem tempo para nenhuma defesa, disparou. A rapidez do delegado os salvou, lançando, em direção da trajetória da bala, a bandeja de prata da lei; a bala assassina desviada. Onofre, no mesmo instante, saltava em direção à mesa ao lado, disparando projéteis, que atingiram o alvo. O sangue misturava-se ao colo-rido, o corpo despencando no tapete espesso de lã persa secular. Os gritos estridentes das mulheres de saltos altos, os senhores de cabelos brancos, nós na gravata e colarinhos altos seguravam o peito, o pavor da morte soberano. Sentado na poltrona impassível, Assis continuava segurando seu *spirit*, e elegantemente sorvia o gole esperado.

– Delegado Onofre, meu amigo! Devo-lhe minha chama acesa!

Delegado retirou o capuz vermelho pontiagudo e surgiu uma cabeleira loira longa em rosto de mulher. Os projéteis atingiram o coração, lábios e, olhos descoloridos de verdes, recordavam vivos de surpresos.

– Delegado Onofre, esse capuz pontiagudo lembra o usado pela Ordem dos Frades Menores Capuchinhos... São Francisco originou três Ordens Religiosas na Igreja...

Falava ao lado do cadáver solene, enquanto as pessoas fugiam como podiam do local, não houve garçom por perto. Apenas ele e o delegado ao lado do corpo assassino. Continuava Assis:

– As Ordens dos Frades Menores, das Irmãs Clarissas, por quem tenho um carinho especial, Ordem dos Irmãos da Penitência. Em nenhum instante, Onofre voltou os olhares a Assis. Examinava os arredores do corpo, mexendo nos bolsos, até encontrar um objeto, que segurou em sua mão. Assis nada disse, mas sabia do acontecido. Onofre estranhava várias situações, uma delas, a que mais chamava a atenção, era a de que, em nenhum momento, Assis falou que o assassino era uma mulher, uma bela e esbelta mulher.

SMS

Marte,

Irei com uma condição: o que significam aqueles números?

Tenho medo de seitas e fanáticos.

Você é fanático?

Babilônia

SMS

Babilônia,

16: Amor.

16, 16: Abraço. Conjunção Carnal.

Hindu fanático.

Marte

SMS

Você não para de me surpreender...

O que é ótimo!

Homem monótono habita minha casa.

E você sabe disso.

Toda mulher casada, que possui um amante, tem um habitante que mora no
esquife.

Todos os maridos se transformam em habitantes do cemitério. São zumbis? Ou
crianças? Crianças zumbis.

Todos.

Você é marido?

Indo!

Babilônia

SMS

Babilônia,

Você é sacerdotisa de Ishtar...

Eu sou acessório, válvula de escape, estepe, quebrador de dores mandibulares,
estabilizador de hormônio...

Todas gratas aos alongamentos.

Depois, retornam para casa e dormem com o moribundo.

Sou amaridado.

Marte

SMS

Babilônia é aqui!

Ninho da Babilônia

CAPÍTULO 14

Hoteleco

Baruch da Silva retomava as rédeas da paranoia. Lentamente, afastou as defesas da porta do apartamento e, cauteloso, andou pelo corredor ladeado de portas, coelheiro humano, estreito cheirando a naftalina. Desceu pelas escadas, dezenas de andares (quase desgraçando o famigerado ligamento externo do joelho esquerdo) e, em seguida, tomou café no barzinho Bibok's. Pálido, ofegante e dolorido.

– Desaparecido Baruch! O que aprontou?

– Fala baixo, um dia talvez eu possa contar...

– Mulher, quando chama ao pau, é pior que catapora!

– Irmão! Amor de pica!

– Devagar, mano, os tempos são de chumbo.

E o simpático pau-de-arara, às vezes barista – coisas da cidade fétida paulistana misturada em baião-de-dois. Os trabalhadores manuais brasileiros apresentam uma particular metafísica: são invisíveis. Inexistem aos olhares dos poderosos, ou seja, aquele grupo de indivíduos que, por razões conhecidas, se transformou em possuidores de muito dinheiro. Escravizam o próximo. Uma das técnicas usadas é torná-los escravos e invisíveis. Os escravos procuram uma única referência de existir. O duplo do escravo é o amaldiçoado olhar do patrão. Nele existe, por ele vive. Escravo de sorriso no rosto, sem dores estomacais, agradável, solícito, presente, servil, educado, higienizado e invisível. Inexiste. Os trabalhadores manuais, artesãos, vivem como zumbis ali e acolá, reconhecidos apenas quando erram. Quando cumprem com a difícil tarefa de servir, não fazem além do necessário. O resto é o maior dos grilhões, invisibilidade.

O Brasil é um vasto território de almas invisíveis, no qual ainda não lhes é permitido atingir o estágio do existir. Servem ao patrão de sexo infantil até voos solitários das janelas dos edifícios altos que a loira habitará. Servis na entrega de suas crianças aloiradas do sul ou morenas do norte.

101

Crianças invisíveis oferecidas aos coronéis insepultos, eternos defloradores da maldade. Brasil: país triste. Triste por causa da não reação, apenas composto pela submissão e serventia daqueles que se diagnosticam superiores. Coronel, o duplo do Brasil.

Enquanto isso, Baruch, de origens indeterminadas, e Andréa, organizada pelas coxas sem fim, na memória do pau, que insistia em lembrar. Baruch e Andréa, Hotel Saint Louis. Barra Funda. *Barrafunda*. Afunda.

Hoteleco, de nome pomposo de uma estrela, Saint-Louis. Ficava próximo ao campo de futebol abandonado, Saint-Jorge. Baruch chegou de trem; na porta do HO, um Jaguar de vidros intransponíveis aguardava. Entrou, no mesclado de saguão e jogo de sinuca verde esburacado, um gordo barbudo vestindo camisa desbotada do Timão, cheirava a falta de banho há décadas.

– Madama aguarda no 201.

Subiu as escadas rangentes, batendo na porta; nua sobre a cama de ranger, plâncton estrelado. Baruch entre hipnose e delírio:

– Mas logo aqui?

– Sirva-se!

Ela segurava o livro, cabeleira bem tratada esparramada em sórdido travesseiro...

– O que está lendo?

– Gérard de Nerval... Eu daria para ele quantas vezes quisesse... Cada frase sua, sua vida, seus princípios, sua loucura do início ao fim me fascinam!

– Aurélia ou *Le rêve et la vie*.

Pela tardezinha abatida, seguiram paixões dos navegantes, as velas engravidam dos suspiros, estufadas incitavam a quilha avante. Navegar é preciso. Olho pelo buraco da fechadura, o porteiro gordo masturbava-se, pedaços de versos, suava acompanhando os infatigáveis contínuos gozos de Andréa. Estatelou-se, imaginário, corpo caindo. Os amantes não ouviram; o gordo fugia em calça manchada.

Noite dos corpos afrouxados das carnes, encontravam espaços no organismo, respiração aquietada, mente adocicada. Andréa falou:

– Para espantar os burgueses, Nerval, que recebera uma fortuna na morte de seu avô, em pouco tempo perdeu tudo entre sonhos e delírios. Conseguiu! Nada mais trágico que ser herdeiro de canalhas. Todo milionário o é.

O grande amor de Nerval foi a cantora de ópera Jenny Colon, no início de 1800, que se transformara em Aurélia. Sua vida poética levou-o a encontros fascinantes e, com Baudelaire, compartilharam paixão pelo Oriente e pelo haxixe. No Club des Hashischins, realizavam reuniões semanais em Saint--Louis. O corpo de Nerval foi encontrado pendurado em um parapeito na Rue de la Vieille Lanterne. A morte dependurada é poesia; o corpo, subindo aos céus, sem tocar o solo, a língua exposta sem som, a nuca quebrada, o alongamento final, o corpo tentado a voar, impedido pela corda.

– Nerval foi homenageado por Baudelaire em *Un voyage à Cythère*, que, mais tarde, integrou *Les fleurs du mal*. Para espantar os burgueses, muitas vezes, levava o seu animal de estimação, uma lagosta, para passear pelas ruas de Paris. E nós viemos parar nesse buraco doido – respondeu Baruch.

– Sem lagosta! Recordo do Reino do Maranhão em lagostas sem cabeças, muitas cabeças decapitadas pelos donos do poder. As crianças gemem, os corpos pelas noites buscam suas cabeças sem corpos. Não raro trocam os corpos, a cabeça de um no corpo do outro, confraria do Mar Anão, terra de moribundos de fogo.

– Moribundos de fogo com caranguejeira.

Risos de haxixe.

– O mais fascinante em Nerval foi a revelação despudorada de seus sonhos, poesia divina, romance é segunda vida. Estar na leitura dele, entre delírios e sonhos, e a sua chegada me retira da mediocridade burguesa em que vivo. Nasci mediocremente milionária e burguesa. Fui invadida pelo espírito da riqueza e do poder, duas doenças que caminham de braços dados. Metástases do universo – retoma Andréa.

– Eu também persigo a vida pelos trilhos da arte; o restante é restante.

– Quem é você?

– Meu duplo se encontra aqui...

– E o Diretor do Teatro de Marionetes?

– Não raro discutimos... É instituído.

Silêncio.

Andréa:

– Quando leio um romance, permanece a marca inconsciente, procuro a cena fundamental escrita em detalhe pelo autor. Quando você lê

Stendhal, *O vermelho e o negro*, o cerne encravado na luta de classes, no garoto inteligente, brilhante, que necessitou seduzir as mulheres de homens ricos poderosos ignorantes e presunçosos. A luta da ascensão, a perseguição, a genealogia do personagem até seu fim, gira em torno da política, derrapa pela religião, mas fundamentalmente do caráter humano em sua constante devastação ética. Poder e ética: combinação impossível. Poder e ética não se acasalam. Nem procriam. Assassinas uma da outra, a outra de uma.

– Você deve ter estudado Schiller.

– O ensaio mais belo da língua alemã, nos dizeres de Thomas Mann, sobre poesia ingênua e sentimental. Orhan Pamuk, o turco burguês, eu o vi na Sala São Paulo, sofria pela maioria dos seres que ali se encontravam. Com suas joias, não compreendiam, foram atrás de um instrutor de viagem exótica, por Istambul, encontraram um turco erudito, quase rebelde, comedido entre putarias, da alma dividida entre suas origens burguesas e as rebeliões proletárias. Sala São Paulo, moldurada em Cracolândia. *Crack*! Eu me revejo no Museu da Inocência, biografia sentimental, no sentido inglês do significado, *sentimental journey*, a viagem sentimental que Schiller foi roubar de Laurence Sterne, aquela viagem em que o escritor é afastado da força da natureza em simplicidade.

– Os ingênuos colapsados, colados, simbiotizados com a natureza... Iguais ao movimento *hippie* que confundia a natureza da flor com a flor da natureza entre cabelos...

– Uma rosa é uma rosa...

– Steiner...

Andréa enrosca-se no corpo de Baruch e, com lábios, engole o pênis que cresce delicado em sua boca e lá fica o tempo necessário e calmo até Baruch semear. Engolidas. O passo da dança gira, ele agarrando-a pelo clitóris crescido delicado em sua boca e lá ficando o tempo necessário e calmo até Andréa lançar sementes. Engolidas. Encontro 16, 16.

O gordo bate na porta do 201:

– Doutor, senhora... Desejam um café... Desculpem! É que hoje o hotel fecha às oito. Ordens do PCC. Desculpem.

Andréa:

– Traga dois cafés, com açúcar. Tomaremos lá embaixo. Já estamos descendo...

– Me sinto Flaubert... Madame Bovary sou eu!

– Amolece peão, amolece...

Desceram.

O gordo, cara de criança culpada, suada vermelha, não conseguia olhá--los.

– Aqui está a conta. O café é por conta da casa. Trinta e seis reais. Desculpe, não tenho troco para cinquenta... É muita gorjeta, Deus lhe pague, madame! Volte sempre!

Dirigiram-se ao Jaguar, o chofer ao lado da porta aberta esperando. Entraram. Poeira vermelha seca nos olhinhos das crianças barrigudas que olhavam, extraterrestres, que um dia surgiram na marginal.

SMS

Marte,

Os seus gestos denunciam além de comedor.

Você sabe que Kant jamais se foi.

Você não é um enrustido que se esconde nas noites das janelas vermelhas.

Amsterdã é sua alma, seu outro.

O que escondes?

Seu duplo?

Teu corpo se esforça em cafajestar, mas... Mas tem algo que ainda não consegui decifrar. Talvez não consiga.

Você é corpo de homem feminino, viril.

Quase religioso?

Não consigo te ver distante das Flores do Mal.

Babilônia

SMS

Babilônia!

Não tenho medo do corpo.

No início, em ausência de seu próprio corpo, o homem tinha um duplo convivente.

O homem dito primitivo e seu duplo conversavam, constituíam uma própria identidade.

O corpo significava cadáver.

A massa inerte, distante do próprio homem, que, por isso, o entregou aos deuses. Entregava aquilo que não era seu. Nem o cadáver, nem o corpo, muito menos o duplo.

Minotauro, um duplo.

O labirinto: possibilidade ou tentativa de ser.

Milênios se passaram até que o corpo adquiriu vida e se incorporou não apenas no duplo.

Recebe o nome de corpo.

Quase religioso?

Não fujo do prazer, seria uma resposta leviana. Não desprezo a vida, seria outra resposta estúpida.

Minha religião, minha ladainha e minha prece são a poesia.

Prefiro a aleatoriedade ao dogma.

Dogma é repetição, compulsão, morte; é cadáver.

O acaso nos faz. Independentemente das preces.

Quem decide o quê? Sou resultado de dados lançados. Acaso é vida.

Encontros de desconcertos ou desencontros.

Quem sou eu se apareço para você. Existo em você. Morro em você.

Você é um duplo.

Marte

CAPÍTULO 15

Kant nunca saiu de Königsberg

Luz lavando amores parisienses. Brilhos, lantejoulas, abajur derretido em miçangas, no teto um cristal cortava o arco-íris. Cheiro de amor, a coberta de remendos caseiros coloridos, travesseiros de seda rosa, linhos acompanhavam, sobre a cama de almofadas sobrepostas vermelho-marrons, os amantes em sua divina função do orgasmo. Sim, o orgasmo tem função. Delegado Onofre calmo em goles de uísque dançava pedras de gelos.

– Meu querido Gualberto... Uma tarde no sítio do Amor Picado, minha avó remexia os últimos pertences de vovô. Acompanhei com um nó na garganta que estrangulava as palavras que saíam afinadas; sentia o amargo nunca mais. Gostava muito dos meus avós, que foram amor e, até hoje, sinto a mão quente de vovô espaldeada em meu rosto, fazendo-me sentir imperador de mim mesmo, querido além de amado. Tempos aconchegos, muitas saudades. Carregava as tralhas afetivas para fora, o sítio vendido ao vizinho fazendeiro, um árabe ignorante, "novo rico", criador de cavalos árabes, sr. Salim, gordo de metro, nariz chegava ao chão, moreno de negro, se dizia libanês, desejava ter sido francês, tinha a pele grossa igual a alma. Sempre cobiçou o sítio do Amor Picado e perguntava ao meu avô o porquê daquele nome.

– Um dia, quem sabe, Salim compreenderá.

– "Explica para Salim, por favor!", meu avô ria e dizia que havia uma diferença entre eles, acompanhada por uma igualdade no mesmo intervalo. Nomeavam-se identidades, porém Salim falava francês e meu avô, francês caipira. Meu avô ria, Salim fazia bico nos lábios grossos. "Explica para Salim!".

– Meu querido Onofre, você é contador de histórias... Faz-me rir de verdade.

Aproximou-se do delegado Onofre e conquistou sua língua, enrolaram--se entre si, corpos sem comandos enlouquecidos. Corpos misturavam-se, o

107

peito viril peludo roçava as mamas de Gualberto. Lábios corriam o corpo, cada polegada do território amado, com vassalagem descendo, sexo e amor desesperados, rodopiavam em pião até encontrarem bocas abertas indefesas, cada qual com a seta de cupido sugada, ejaculavam juntos, convulsionavam em gritos. Acalmaram-se, sonolentos e abraçados. Entreolharam a chama, a brasa ardente. Sussurraram.

– Eu te amo!

– Amo-te.

Entre lençóis marcados em seiva amante.

– Querido Gualberto, eu não podia comprar o sítio do Amor Picado. Lá acontecera a minha infância, conhecia cada pedra dos recantos. Melhor na memória, o concreto se desfaz. Vovó fez surgir, de uma parede falsa do interior da lareira, um caixote de ferro. Arrastei-o para fora, e minha avó pediu que eu o abrisse. Era trancado com um enorme cadeado, difícil estourar, demorou para se abrir. E minha surpresa paralisou, uma quantidade de livros raros de Filologia Românica. Desde os atuais, como Bruno Bassetto, até raridades, como a *Historiae Adversus Paganos*, de Paulo Osório, que foi discípulo de Santo Agostinho. Fiquei mais para abóbora!

– Cinderela!

– Talvez você tenha razão. Cinderela abóbora era o meu estado. Mas você é a minha Cinderela!

– Somos...

– O que mais me encantou em você, Gualberto, é a maneira como você se prende à vida, seus cadeados sempre foram a irreverência e o divertimento...

– Onofre, continue!

– Quando vovô percebeu meu espírito conturbado...

– Seu avô foi muito além de filólogo.

– Meu avô estudou filosofia, história, sociologia, filologia... Mantinha correspondências com várias celebridades do mundo acadêmico, usando um pseudônimo. Não queria se apresentar em público, dizia que não necessitava do aplauso, preferia o conhecimento silencioso e o preenchimento do seu espírito. Algo, porém, aconteceu, nunca me falou, foi quando nos mudamos para cá... Era terra dura e mato. Ele construiu esse pedaço de simplicidade e vida. Dizia que tinha uma particular depressão, meio existencial, outro tanto essencial. As cartas enviadas a ele acumularam-se na caixa postal, foram rareando e desapareceram. Recebeu convites para palestras, conferências, escrever livros... Nada o demovia de seu projeto de apenas estudar. "Se Kant nunca saiu de Königsberg?". Lembro que trocava mais intensamente correspondência com algum erudito alemão. Ele aguardava as cartas ansiosamente. Assim que chegavam, lia, relia, pesquisava e respondia. Depois as queimava. Suas únicas saídas eram para a capital, onde buscava os eruditos raros que encontrava nos sebos. Mergulhava durante horas e saía sorridente de seus achados. "São minhas pedras preciosas, minhas pepitas de ouro!". Aprofundava-se. Eu o amava e o respeitava em seu jeito humano, sábio, culto, sem pretensões, sem títulos... Não necessitava provar nada a ninguém. Ele não aceitou a carreira de burocrata universitário, ria do título de "titular", não almejava a diretoria ou a reitoria. Nunca se aproveitou de ninguém, nunca humilhou quem quer que fosse. Tratou a todos, animais, vegetais, minerais, com a mesma alma. Aprofundou-se nas entrelinhas de Friedrich Diez, Gaston Paris, e trabalhava arduamente não apenas com o intelecto, mas também com o corpo. Construiu esse sítio com suas mãos. No entanto, algo aconteceu com ele... Ele nunca me disse nada. Mas sei que foi algo sério. Uma noite ele chegou assustado em nossa casa na cidade, "Velha querida, apanhe as coisas. Vamos mudar já para longe. Vamos já!". Eu fiquei completamente assustado, mas reconheci que era necessário agir com rapidez. Entramos em nosso carrinho e viajamos, viajamos, vindo parar no que seria o sítio do Amor Partido. Ele comprou esse terreno com dinheiro vivo, que havia retirado do banco, embora eu não soubesse. Queimou o carro. E nunca mais pisou em nenhuma cidade. Dizia que era melhor assim. Havia pessoas interessadas em sua morte.

– Você está exagerando. Vovô não tinha inimigos.

– Sim. Também é verdade, mas ele os fez sem saber. Talvez ingenuidade dos cientistas... Seus estudos o levaram a situações incontroláveis, poderosas, que é necessário que você nunca saiba... Para continuar vivo, é importante que se afaste das descobertas do meu avô. Vovô nunca me informou nada, pedia que me afastasse. Queria dizer que nossa casa na cidade foi queimada pelo inimigo. Assim que fugimos de nossa casinha, eles chegaram. Sorte! Meu avô me falou: "Estamos vivos, quero te pedir perdão pelo que forneço em meu final de vida para a sua vida". Eu o abracei e o agarrei, sentindo seu coração batendo forte. Meu avô agiu com pureza e sabedoria. Não podia saber, menos imaginar. Os livros que trouxe na caixa de ferro guardei na parede da lareira de meu apartamento. Alguém os descobrirá e quem sabe poderá terminar com o que iniciei, meu avô profetizava... Acho que desejava!

Gualberto emociona-se:

– Lástima! Eu nunca entendi como uma pessoa sensível, erudita, educada, se transformou em um delegado. Agora, com esse pedaço de história, começo a entender suas apreensões e necessidades. Agora, começo a entender quando você me fala da importância do duplo. O duplo como construção anterior ao nosso nascimento. Já é anteprojeto. Não me conte mais do que puder. Eu quero deixá-lo à vontade, como sempre foi o nosso propósito. Quero continuar a ser a sua mulher apaixonada.

– Gualberto, ninguém sabe dessa parte de minha história, nem minha ex-mulher. Casei-me cedo, arruaçava com mulheres, até encontrar com você. Minha vida virou para melhor. Nunca quis ter filhos, nunca quis mal à Heleninha, muito menos às namoradas. Queria outra história de amor, e aí você entrou e lá se vão 25 anos.

– Felizes! Mesmo nas épocas das nossas loucuras, ou, por causa delas, construímos felicidades. Vou preparar um ossobuco *particolare* para nós!

– Não se esqueça de colocar cravos...

– E alho francês...

– Vou ficar por aqui lendo.

CAPITULO 16

A divina comédia

SMS

Marte,

A única coisa de que tenho certeza?

Não sublimamos.

A sublimação é um mito inacessível. Mais um blefe.

Os padres e pastores que exibam a alma maculada. Todos pregam a sublimação do ser. A alma cobiça, deseja, quer.

Os políticos são padres de sempre. Inventam leis, moralidades, restrições.

Ao público, exibem sublimações.

Aos amantes, revelam os gritos entalados de Herodes.

Somos Herodes invejosos, que, agarrados a um poder qualquer, encravamos as unhas pedintes de eternidades.

A morte nos persegue diariamente. Qualquer curva, gesto, dúvida, e o pânico ressuscita.

A morte é o duplo.

A sublimação é tentativa divina.

Babilônia

SMS

Babilônia,

Moravia me ensinou a conviver com meu pau.

Ele e eu... Foi sublime. Não sublimou.

Nomeou São Sigmund Freud.

Dessublimado, erotizado, amante enrustido.

Tudo não terás!

Marte

SMS

Marte,

Não sou iluminista.

Freud estava na hora certa, no local certo.

Viena era a ponta do *iceberg*. Viena, Vietnã. Ponto sem retorno.

Nos cafés, até existia Darwin, Gustav Klimt, Wittgenstein, piano, sexo, café...

Privilégio de uma Viena puta, liberada, louca, apaixonada... Mulheres querendo orgasmo, homens querendo orgasmo.

Eu, Babilônia louca, reprimida, rica, filhinha de papai, me masturbo diariamente. Só para não sublimar.

Tento ser aqui e agora.

Babilônia

SMS

Babilônia,

Íntimos.

A intimidade produz confidências.

Buscamos algum sentido em existir.

A busca dos desejos satisfeitos produz angústia.

Sofremos na ausência e no preenchimento da falta.

Nada preenche.

O sexo preenche momentos de abandono, perda da consciência. É uma droga como outra qualquer.

Sexo intermitente.

Comprar um apartamento em Miami?

É o mesmo que gozar com o pau do outro americano do lado de lá.

Jogar-me-ia do 78º andar.

Não é emigração. É encontro da superfície do nada.

Brasileiros irmanados em ignorância.

Portadores de insuportável ignorância *outleteira*.

Sim, são compradores.

O que mais poderiam fazer?

No me gusta English brasileño. Inaudíveis.

Ruído... "Como é barato tudo aqui!".

Marte

SMS

Marte,

Brasília se muda para Miami. Terra de *los* otários de tal.

Disney. O Walter era outro embrulhão. Canastrão de latinos americanos.

Buscam a infância derrotada em algum canto analfabeto qualquer.

Vamos comprar? Mais compra? Depois da compra, jantamos, almoçamos e
   cagamos.

Cagamos.

A busca.

A vaidade.

Enquanto buscamos esperanças. Ridículos, frente a nós mesmos.

Somos mortais, leves, medrosos... Mortais, demasiadamente mortais.

Quando começamos a envelhecer?

Desde a primeira divisão celular.

Babilônia

SMS

Marte,

Prefiro a pirataria.

É mecanismo democrata.

Se ele pode, pois tem duzentos paus, terei o mesmo por cinco paus.

Igualdade.

Falta a fraternidade.

Liberdade não existe.

Somente escravatura.

Escravatura moderna responde por operariado.

Babilônia

SMS

Babilônia,

Sei que você leu Georges Perec.

As peças se encaixando em propósitos raros ou inconscientes.

O que se vê ou ouve raramente condiz com o ocorrido.

Admitir o *puzzle*, o jogo de interdependências aleatórias, sem canto ou bússola.

Vamos encaixando, encaixando, e gozamos.

O cadáver que vi desapareceu. Coloquei em dúvida minha frágil consciência.

Foi um encaixe a mais ou a menos. Mas encaixou.

As histórias são sempre de suspense. Atira-se no que se acredita ter visto, acerta-se no não percebido.

Georges Perec conta história de paixão do cocheiro pela senhora durante sessenta anos... O rato não era o relógio.

Acontece. O rato não era o relógio eleito da Madame.

Suicidou a paixão.

Paixão pelo relógio que se transforma em rato.

Paixão ratoeira.

Labirinto tem saída.

Sobram os cadáveres em colares de pérolas róseas.

Marte

Onofre:

– O que seria do homem sem a palavra? É dela que desperta a alma, criando um labirinto ou Deus? Deus é o labirinto?

Gualberto:

– Místico? Labirinto? Quem fornece o fio? Qual a Ariadne? E o Minotauro, o que espera de seu destino?

– Pois é, querida, meu avô também era místico. Um homem de 1400, um gótico francês adorador das catedrais de telhados de dragões, estudava a igreja comprometida e, como toda instituição, perversa, louca, desenfreada, assassina em seu poder maior, o poder. Raros padres são místicos, pois são instituídos. Homem instituído é prisioneiro da ratoeira de um sistema fechado, cujo fim é receber o chifre do touro. Os místicos procuravam a palavra do silêncio, a poesia do eterno, que, muitas vezes, se confunde com a adoração pagã da natureza. Em verdade, procuravam um caminho individualizado de encontro com Deus, distante da ortodoxia instituída religiosa, a igreja, a prostituta respeitosa. Assim, foi com os grandes santos da igreja, como Francisco de Assis, Santa Tereza D'Ávila, Juan de la Cruz. Meu avô, inebriado pela busca desenfreadamente quieta do amor divino. Era um filólogo em busca da palavra maior, a palavra que aquieta em silêncio. A palavra silêncio foi sua busca.

– Você é menino-homem.

– Meu avô Salpetrière procurava Deus pela lupa da Filologia. Acreditava que poderia achá-lo se descobrisse o caminho das origens das palavras. Quando despertou a primeira palavra no homem? Aquele primeiro som expelido era a porta de entrada; para meu avô, naquele momento, estariam registradas as digitais do verbo divino. Era sua crença. No início, era

115

o verbo. Assim, meu avô Salpetrière girou sua bússola em direção à origem da palavra, tentando encontrar Deus pelo seu único instrumento legado à humanidade: o verbo. Meu avô dizia que Deus significou e ofereceu ao homem a possibilidade da criação única, que aparece pela palavra. Toda criação advém da palavra, que gera a escultura, esse computador aqui à mesa, esse binóculo... Nasceram da palavra. Significá-la diferencia homens. Aquele que significa é humano, aquele que repete é pré-humano, ou primitivo. Meu avô buscou na Filologia a escavadeira de arqueólogo para atingir esse encontro divino. Procurou no berço das palavras a origem. Labirinto. No início, não eram grunhidos, eram as primeiras articulações que expressavam o desejo primeiro da alma. Daí o homem desenvolve esse artifício único, a palavra. Acontecendo a longa construção que desembocará na divindade maior: a Literatura... A Bíblia transmitida por Santo Jerônimo, a Vulgata, foi adestrada a um encontro predeterminado de um Deus que permitia ao homem não grunhir.

– Eu, puta de origem, desembocada na vida das aflições, encontrei, em suas palavras, recantos de vida. A cura, ou melhor, a probabilidade de alterar o caminho desenvolvido por cada um de nós até aqui. Isso é possível? Acredito que sim, desde que aconteça o imprevisto: o modificar a trajetória, que acontecerá por meio da significação. Significar é ressignificar continuamente. Não existe o grande *insight*. Isso só acontece em filmes de Hollywood. O *insight*, quando ocorre, acontece uma única vez na vida; o resto é espanto da óbvia cegueira de si mesmo. A não ocorrência das significações leva à repetição de lugares comuns, conduzindo à impossibilidade da criação do entendimento, um passo do canto da morte. Morte é repetição. A maioria dos seres humanos está morta, pois repete, repete, repete. Querem permanecer na memória sólida e não compreendem que os velhos leitos secaram, que a memória é líquida. Querem continuar a ir ao concerto musical na sala que é uma cópia da antiga Ópera, hoje cercada da miséria humana, conhecida como Cracolândia. O que existe na plateia do teatro de dentro? Seres sexagenários ouvindo, quando a audição permite, clássicos. Um clássico é a criação enfadonha de uma burguesia falecida nos primórdios do século XX. Clássico é o acorde previsível do início e o fim mais do que previsto em acordes do *The end*. Não há o fim, muito menos o início; o que mais se aproxima dos nossos momentos é o *jazz*, alma de índio, lábio de preto, músico japonês, cantalorado ininterruptamente. O teatro de fora é a miséria do drogado, a quem resta apenas drogar-se. Minha revolução iniciou sem consciência em Dostoiévski, *Crime e castigo...* Ao lê-lo, me senti ao lado do criminoso. Torcia para que ele não matasse a velha senhora... Mas Dostoiévski escreve histórias dentro da história, instituindo um novelo duplo, uma dupla armadilha da qual o leitor não consegue se desvencilhar. Dostoiévski significa a duplicidade da vida. Dostoiévski é o pai do outro. É um criador de armadilhas, e todo leitor vira sua presa. O clássico é a repetição do início e o mesmo fim esperado. A vida não apresenta o mesmo fim, nem o mesmo início. Dostoiévski acorda a lógica do absurdo do assassino, que me hipnotizou, e eu queria apenas o assassinato sem assassino. O autor redige como eu faço tricô: ponto por ponto; intermitente sem meio, sem linearidade, sem fim, com um único propósito: o de revelar que tanto o personagem quanto o leitor pecam do mal maior, a ausência da consciência. Ou de significado. O novelo dostoiévskiano rola pelo tapete perceptivo, sem um gato tentando desnová-lo.

– Meu avô também citava Thomas Mann, dizendo que havia aprendido com ele que Dostoiévski era um criminoso que assassinava a parte estúpida do leitor. Era um epiléptico que entendia sua doença como manifestação de uma quantidade de energia saudável encarcerada, impedida do seu desenlace. Dostoiévski significou sua doença. Cada epiléptico com sua epilepsia. Toda doença é um duplo, dizia meu avô, e é a superfície da saúde não usada. Dostoiévski descrevia seu ataque epiléptico como se fosse um orgasmo, o início maravilhoso, a convulsão de um corpo que necessitava expandir-se, a perda da consciência, o retorno exausto, posteriormente o bem-estar em alívio e a recarga para um próximo ataque temido e esperançoso de um outro orgasmo. Da mesma forma que um encontro esperado, a chegada, a vaidade, a não repulsa, o erotismo gerado, o gozo, o relaxamento. Orgasmo significado até outro orgasmo.

– Eu também sem saber o lia assim, como que expressando a agilidade da escrita, a loucura expressa, a lamúria intermitente, o gozo assassino, os detalhes na construção do personagem-espelho, que reflete nossa imagem em cada gesto.

– O artista, para sê-lo, deve passar através de sua doença. Não basta aceitar a própria doença. Faz-se necessário significá-la. Significá-la até a morte. Sem o sofrimento dessa passagem, é impossível criar. Cada ataque epiléptico em seu autor. Cada necessidade da doença, uma verdade do doente. Até a cura de outra doença. Doença, crise da necessidade de ser.

– Um instante... Necessito de um momento...

– Todas as vezes que estamos falando sobre a criação de um personagem, estamos reportando ao que Deus legou. Deus criou o homem com a palavra, o autor cria o personagem com a palavra. Dessa palavra, surgem os caracteres, as mobilidades, as paixões, os desejos, as saudades, as vontades, as crueldades, as bondades, os arrependimentos, a vida e a morte. Cada palavra traz uma partícula da alma, e poucos autores como Dostoiévski conseguiram se aproximar com tamanha força da criação divina. O jovem estudante assassino, sua lógica e ação, a culpa irremediável da destruição vive em cada leitor como se fosse a dele. Raros os escritores que conseguem transpor a fronteira da página do livro, da letra impressa, que ressoa na alma do leitor. Divino o trabalho do autor que reproduz o trabalho divino de gerar vidas, nos campos, nas florestas, nos rios, nos risos, nos abraços, nas mortes, nos céus, nos infernos. Vovô recordava Bertrand Russell, que dizia mais ou menos assim: primeiro tivemos Platão, que criou o personagem Sócrates; depois os quatro grandes autores dramáticos, que criaram o personagem Cristo; por último, Boswell, que criou o personagem Johnson.

– Quem criou a personagem do que imagino ser? Eu me encontrei nessa sexualidade de mulher, homem, mulher, homem... Mas, à medida que lia, entendia que criei um personagem necessário à minha loucura; importante para a minha inconsciência. Significava o significado. O significado é a alma do duplo. Quando me transformo em mulher, eu a vivo em sutilezas, delicadezas e maldades que compõem essa mulher. Quando me transformo em homem, o mesmo acontece com esse homem. Se eu acreditar que sou isso ou aquilo, sem a reflexão da palavra, me transformo de onde sou, uma pedra. O divino, ao contrário, não é concreto; é mutável intermitente, infindamente sem limites ou pecados. A lógica divina inacessível, humanamente difícil encontrá-la. A única pista possível está na fabricação dos significados que acontecem na produção da obra literária. São poucos os autores, como são poucos os livros, como são poucos os deuses, como são poucos os homens, ou mulheres... Não, não sou pessimista!

– A sexualidade é sempre confusa. Somente um mentiroso diria que não. É parte da vida, difícil, conflitante, prazerosa... Como ter prazer em um mundo regido pela religião impeditiva do prazer? Como ter prazer em pecados? No eu machão, que busquei, no personagem que criei, o duplo delegado, se esconde uma significação de uma das minhas funções sexuais. Quando jovem, encontrei uma mulher e vivia tendo como única certeza a melancolia, uma solidão que desenvolvia não surgindo por causa dela. O processo de sofrimento que o casal revelava era produzido dentro de mim. Queria outra coisa, que não sabia o que era. Meu personagem ainda não havia sido criado. Quando eu a conheci, Gualberto, senti, desde o início, uma ternura que não reconhecia e depois me apaixonei por você. Ora pela virilidade, ora pela feminilidade. Nunca te vi dividido. Eu dividia-me em você, usava sua fêmea em meu macho, e seu macho em minha fêmea. Preenchi-me em você... Recordei da criação da mulher, a costela que sai da intimidade do primeiro homem dormindo e, dessa parte íntima do homem, brota a mulher. A mulher surgindo de um híbrido Adão, nascendo Eva. Adão, o primeiro travesti real, macho-fêmea parindo fêmea-macho. Nascemos por esse Deus, mesmo que ilusoriamente acreditemos em homem ou mulher isolados, mas somos duplo.

– Significar é reconhecer o personagem criado. Quando fui conscientizando de que somos produzidos independentes da consciência, somos híbridos, apazigui. Eu amo em você, Onofre, suas partes poéticas sensíveis femininas, ao mesmo tempo em que te amo em suas partes masculinas intransigentes.

– O encontro dos sexos é criatividade e alegria. Tentamos significar buscando no outro o espelho de outra imagem. Somos imagens dançantes do outro naquela parte que está por ser resolvida... Dançamos sempre a dois, mesmo estando sós. Significando e resolvendo apenas no instante.

– Significando continuamente...

– Meu avô assim me ensinava, lendo em voz alta *A divina comédia*. Não induzia meu pensamento, permitia que eu divagasse nas rimas. Com o tempo de leituras, comecei a me dar conta de que havia a partir do título uma intenção implícita do autor. Aprendi a intuir como geólogo, arqueólogo, médico clínico sem compromisso com o laboratório médico. Pesquisar sob cada frase o desejo do autor. *A divina comédia*. Por que divina? Por que Dante escolheria a palavra divina? E comecei a perceber que não se tratava de um texto simplesmente teológico dirigido ao divino. Possuía a ousadia que singrava desde um manifesto político até a produção de uma ética da cidade e do cidadão. No entanto, tinha um projeto divino encruado na humanamente divina Firenze do autor, cidade dos seus olhos e presente em seus afetos. E escreve um projeto em busca desse divino. Qual o caminho em busca do divino senão o de passar pelo inferno, e após significá-lo dar-se o direito de continuar a busca pelo paraíso? Dante tentou roubar da palavra de Deus no paraíso e poetizou. Dante significou o paraíso. Aprendi que a vida divina necessita do seu duplo, o inferno, para atingir o paraíso. Ambos copulados criando uma divindade não divina.

SMS

Babilônia,

Todas as possibilidades de tentarmos entender qualquer história barra na construção dela mesma.

Recordo diariamente dos episódios que aconteceram a nós dois, desde aquela tarde do *shoppinico* até as nossas camas. Nossa bússola.

Do irônico Julian Barnes, criador do imaginário Patrick Lagrange, história é aquela certeza fabricada no instante em que as imperfeições da memória se encontram com as falhas de documentação.

Sim, sou falho desde a minha identidade até você.

Beijo,

Marte

SMS

Marte,

Estou à procura de uma bússola.

GPS nos transformou em falsos capitães de fragatas.

Imbecilidade ou modernidade?

Prefiro imbecilidade & modernidade.

O sentido de um fim se inicia com a pergunta irrespondível: quem é você?

Beijocas,

Babilônia

SMS

Babilônia,

Quem é você?

Um conjunto de pessoas nem sempre alinhavadas entre si mesmas?

Uma das que você procura se estabelece no início da memória.

Eu era pobre, demasiadamente pobre.

Imitei sem sabê-lo uma das trajetórias de Jean Sorel, entre o vermelho e o
negro.

Do vermelho você me conhece. Contudo, aguardo a febre da sua incerteza.

Do negro espero sua intuição ou conhecimento.

Marte

CAPÍTULO 17

Chapéus carregando ninhos de sabiá-laranjeira

Onofre e Assis encontraram-se no Jockey Club, ao lado das cavalariças onde o cheiro reportava a memória de um duplo antepassado. Não, não era o cogito junguiano – o destino regido pelo ditador inconsciente coletivo. Eram os instantes de corrida, em que o animal, comandando outro animal, tentava irmanar-se, raramente acontecia. Quando ocorria, surgia a vitória ladeada de chapéus, carregando ninhos de sabiá-laranjeira, emoldurando os rostos excitados das moças de plantão. Assis inflamava-se ao discursar sobre aquilo que considerava de mau gosto ou descompasso:

– O pior, meu caro Onofre, e sempre acontece, é o uso político da história. É nisso que concentrei a maior parte de minha existência, combatendo as falsidades que se desenham em benefícios próprios. A busca da palavra é tema delicado, que envolve a busca de uma impossibilidade, ou seja, a de contatar Deus, a aproximação exclusiva, a conquista de algo que a Ele somente pertence. Os místicos buscam um caminho moderado, o da individualidade, por meio de pequenas estratégias. Por exemplo, comendo pouco, sendo chicoteados, por meditações e, após a exegese ritualística, surgem manifestações energéticas que podem ser interpretadas. Cada indivíduo tem o direito histórico de interpretar as manifestações da alteração da adrenalina em seu corpo, de acordo com o seu desejo. O místico é um teólogo de si mesmo, aquele que, abandonando a ortodoxia, trilhou na aventura de encontrar o idealizado pai. Os caminhos desse encontro são maiores e mais tortuosos do que aqueles que conduzem a Roma e, provavelmente, inexistem.

Onofre:

– Meu avô Salpetrière fez-se místico, pois reconhecia que a busca do divino não poderia advir das instituições. O poder delas concentra-se em uma variável incontrolável de interesses engendrados pela natureza humana. A divindade, quando surge, encontra-se em algum porão. Meu avô sabia que a Bíblia era expressão que deslizava sobre a história de Israel, ao mesmo tempo em que introduzia Deus como conselheiro do povo judeu, dois livros que se atritam um contra o outro sobre o poder temporal atrelado ao atemporal, poder extraordinário que nenhum outro texto conseguiu.

Assis:

– O que ele citava?

– Citava, com frequência, o momento da reforma em que Lutero traduz para o alemão, com esse movimento, além de criar uma literatura germânica, formou uma nação ao redor das leis bíblicas. O mesmo acontecerá com todos os países que verteram para suas línguas os dois textos bíblicos. Todos que podiam liam, não havia escolha de classe; as citações bíblicas constituíram a ética desses povos. Quando Lutero traduz, em 1522, inicia-se a reforma alemã; quando os ingleses vertem, em 1611, a *Authorized Version*, propiciam a reforma inglesa. Meu avô dizia que isso só poderia acontecer por causa das articulações das palavras divinas, que carregavam uma genética própria, nada escondida, muito menos distribuídas, mágicas. Apenas palavras que seguiam o curso evolutivo natural da primeira palavra introduzida, carregada de uma energia divina, que nada mais é do que a particular evolução da natureza, ou da palavra. Continuava meu avô dizendo que existia um estudo Filológico que poderia aproximar ou, quem sabe, desvendar Deus. Deus escondido sob as palavras ditadas? Deus jamais se esconde, o que surge é a própria incapacidade humana de vê-lo, se faz necessário achá-lo. O caminho é simples, é imputar o significado do significado. A busca do Verbo pelo próprio instrumento idealizado por Deus, a palavra. Em cada palavra bíblica, meu avô tentou buscar a biografia ou a gênese de cada palavra. Tentava construir uma ponte biográfica de retorno. Aquilo que fora ditado por Deus seria o caminho e o significado de encontrá-lo por meio de um outro significado. Missão científica possível, mas necessitava de tempo, e produzia nele inquietudes das consequências que disso aconteceria. Ele temia o caminho que perseguia, pois temia a inveja e a maldade humana.

– O Velho Testamento é o único movimento literário do povo judeu. Nele, consagra-se a ética desse povo, que invadirá a humanidade, gerando fragmentos daí irradiados: o catolicismo, o islamismo, o luteranismo, o calvinismo. A literatura dos povos dos desertos tem início pela criação fantástica do mundo e do homem; a Gênese ali encarcerada produz o fantástico não dissociado do real. Gera-se um mundo fantasioso, irreal e, ao mesmo tempo, realístico. Criou-se o suporte de uma tribo que sobreviveu ao redor das decodificações da palavra. Os textos como o Pentateuco, em que traz a única possibilidade de se constituir nação, a lei severa e administrada por um corpo teocrático. Ruth e sua paixão camponesa, Esther e a paixão nacionalista, Judith que faz uso da beleza da mulher e decepa a cabeça do general assírio e, orgástica, irrompe vitoriosa em ser desejo. Ensina o eterno homem submisso à beleza e ao sexo; o contraponto com Salomão, que cria os provérbios carregados de sensualidade e sabedoria; o pessimismo ou a flor da pele de Jacó; as visões paranoicas de Ezequiel; o misticismo ingênuo e pagão do Evangelho segundo São João. O Apocalipse delirante: o outro duplo de João. Por que Deus se escondia sob as significações das palavras? Por quê?

– Lutero, quando traduz para o alemão o Novo e o Velho Testamentos, corporifica a língua alemã. Foi o desejo de Deus? Foi o desejo do homem? Foi o desejo do demônio? Seria o homem o duplo de um deus? Seria o satã o duplo do homem? Qualquer alemão, como diz Carpeaux, não fala vinte palavras sem citar uma expressão bíblica. Com o tempo, o esquecimento da origem bíblica das palavras provoca a montagem articulada em direção a uma língua moderna alemã. Mas o que queria Deus ao introduzir isso na língua e na nação germânica? Será que o demônio se vinga ao introduzir seus eleitos na direção dessa germanicidade esquecida? Onde está Deus senão nas palavras? É nelas que habita, vive e prolifera. Deus prolifera a cada instante que se inicia uma palavra qualquer. Cada palavra é carregada de uma carga particular, própria, inacessível ao projeto divino. A unidade alemã é obra da criação de uma bíblia alemã orquestrada por Lutero. Se isso é divino? Tudo é divino, até a morte é divina.

– Você bem sabe que pertenço de fé e carne à Companhia de Jesus. A ela devo tudo de mim mesmo, alma e carne, paixão e fé, você sempre soube. Por que seu avô não simpatizava com a Companhia?

125

– Antes de continuarmos, caro Assis, seria necessário beber alguma coisa. Estamos aqui no canteiro do Jockey, os páreos já correram e não joguei nada. Incrível o poder da palavra.

– Garçom, por favor! O que você deseja beber, amigo?

– Blue Label *on the rocks*... Triplo.

– Acompanharei meu amigo Onofre.

– E para acompanhar?

– Sementes.

– Combinação divina. Castanhas, amendoins, cajus... Punhados que se apanham com as mãos. Lancemos as sementes...

Assis ria junto ao garçom, o páreo corria e olhavam no horizonte aquelas massas de carnes correndo pela cerca branquinha, dando tom bucólico à depravação das apostas. Os atletas sem córtex correriam até a morte. Os jóqueis magrinhos de pequenos chicoteavam esperanças, os quadrúpedes deformados pelo homem corriam em busca da vitória, mas toda vitória é efêmera. Assis e Onofre levantam-se quando os cavalos despontam na reta de chegada, os gritos da massa enervam os cavalos, os chicotes dos animais mais e mais fortes, e rápidos cruzam a fita de chegada cabeça a cabeça. Onofre vira o copo de longo gole; o mesmo fez Assis.

Onofre:

– Garçom, por favor, traga a garrafa e balde de gelo. Você tem gelo de água de coco? Está bom para você, Assis?

– Melhor impossível.

– Vamos às suas dúvidas, que também são as minhas. Que Deus nos ajude! Por que meu avô Salpetrière não simpatizava com a Companhia de Jesus? Remoendo memórias, ouço meu avô falando com amigos, ou com minha avó e poucas vezes comigo. Tinha para comigo restrições cautelosas, que só mais tarde compreendi. Ele dizia que a Espanha guardava a honra de privilegiar os dois grandes horrores da Europa, o Barroco e o cerimonial espanhol que infestou as cortes europeias no século XV. Meu avô defendia o fato de a Espanha acreditar-se em Imperialismo, sendo o escudo e defensor da igreja católica, da fé cristã no mundo. Aos hereges, a tortura e a morte! Divina inquisição? Apenas manifestação assassina do duplo do Papa. Para meu avô, o Barroco portava em si o caráter do espanhol. Suntuoso, místico, heroico, hipócrita e sensual. O espanhol que retratara em vida e arte essa alma é El Greco, o duplo da Espanha; para meu avô, seria o arquétipo fundamental do espanhol. A Companhia de Jesus, os soldados de Cristo, a cabeça do aríete. Para meu avô, Deus criou a França e a Inglaterra com ódios suficientes para conterem essa bobagem e ambas derrotarem o Barroco, porém não escaparam ilesas, carregaram consigo o maneirismo cortês espanhol: "Uma fraqueza de caráter!", ele falava. O duplo infecta mais que vírus. A Companhia seria a ação que sai das telas de El Greco, e são tão mais violentos do que as sombras e luzes. Mataram a todos aqueles que consideraram hereges ou não cristãos. A ideia se inicia na escolha do nome "Companhia", que rima com Batalhão, soldados. Pobre Cristo, dizia meu avô, se é que existiu, deve berrar da cruz: "Eles não sabem o que fazem!".

– Salpetrière defendia essas ideias publicamente, sabendo que provocaria a ira de muitos. O que de fato sucedeu. Mas não importa se estava errado ou certo. O fato da certeza é o menos importante, pois o que Salpetrière de verdade escondia de todos era a brilhante interpretação do texto de Tasso, *Jerusalém Libertada*, obra consagrada pela unidade que expressa o Barroco, que será incorporado pela Espanha. O que é esse poema épico? O que esconde em suas linhas? Qual o desejo maior? O de libertar o mundo católico através da liderança da Espanha, libertar Jerusalém, a terra onde Deus escolheu a comunicação entre Ele e os homens. Tasso proclama um projeto, uma real estratégia. A tomada do solo eleito por Deus como posse da Espanha. Sempre debaixo de um místico se esconde um banqueiro. Esse, talvez, o grande segredo, a maior conquista da Espanha seria a de possuir as terras entre todas aquelas escolhidas por Deus. A Espanha queria a Terra Prometida! Queria fincar as patas, depois as raízes, ser proprietária do mundo. Utopia e Espanha: o duplo de Cristo.

– A utopia é um sonho, e sem sonhar não vale a vida ser vivida. Uma vida sem sonhos é o lar dos moribundos, habitam os asilos, campos de concentração modernos, onde os corpos, incapazes de produzirem, são lançados. Todos conversam com aqueles seres que trabalharam, mataram, foderam, cuidaram de filhos, construíram, destruíram, como se fossem imbecis crianças. Dirigem a eles palavras infantis, a destruição da palavra divina, ou o uso dessas como arma demoníaca.

Os dois se entreolharam, girando seus copos no tirilintar dos gelos contra o vidro, tempo de reflexão. O gesto primário presente, colocar goela adentro alguma coisa que esquentasse, preenchesse; os goles repetidos sorveram a metade do copo. O garçom, atento, de garrafa aberta, qual mãe oferece mais. Rodam o copo, giram o gelo com o dedo, olham-se e viram jograis do copo enfim. Servem-se de pistaches, amêndoas, cajus, o garçom preenche outro copo com gelos novos, novo triplo da noite a começar; comiam em silêncio se entreolhando.

– À utopia!

– À utopia!

O garçom, sem nada entender, afasta-se o suficiente daquela palavra sem nexo. Não era seu lugar, jamais seria. Papagueia – utopia!

SMS

Marte,

Pensei no suicídio do escravo da Madame. Ele errou, e você sabe. Como serviçal, não usou o tempo lógico. Confundiu ruído de camundongo com o atrito do relógio embutido no ovo de alabastro.

O ovo de alabastro valia mais que ele.

Madame sabia que isso era uma verdade.

Ele destrói o ovo da madame. Ele, fiel escudeiro em décadas. Não vale o ovo de alabastro.

Ela pune. Ela morre.

Ele se suicida após a temporada na cadeia.

Cadeia de significações de um teorema social.

Patrões e escravos.

Sou sua escrava?

Sou seu senhor?

Senhor, o duplo do escravo ou o escravo duplo do senhor.

Intuições constroem atalhos duplos.

Babilônia

SMS

Babilônia,

Você sonora, *cool* branco *jazz* aquieta.

A madame e o empregado. 1858.

Newcastle-upon-Tyne. O local nomeado de dores.

Ela e ele. Separados pelas castas criadas. A velha Lady Forthright, aquela que nunca gozou, deu o querido ovo dela para que o escravo cuidasse. Era o que podia dar, o ovo de alabastro.

Dentro do ovo, uma joia rara, antiga, coisa de Eva.

A joia, o duplo do ovo ou o ovo o duplo da joia?

O serviçal escolhido para a entrega de seu ovo: o cocheiro. Conduzia Lady para lá e cá.

O ovo guardado em pequena vitrine de vidro. Cuidado dia e noite pelo cocheiro.

Cheiro de animal, cavalo, suor, coche, cocheiro, sexo, batidas de relógio, dia e noite batendo coração.

Acorda na noite virgem, o som de um rato o incomoda, confunde rato roubando o ovo-relógio de Lady.

Vertigem.

Esmigalha o objeto de desejo.

Ela acorda também. E vê a cena. O ovo doado destruído pelo cocheiro fedido a cavalo.

Suavam.

Ele tenta argumentar que imaginou que os maus feitores haviam treinado ratos para roubarem o ovo.

Internou o cocheiro como louco. Encarcerou o segredo.

Dois anos mais tarde, Lady falece.

Cocheiro fugiu de seu isolamento, enforcou-se na sala do ovo drama.

Duplos de *lady's* escravo.

129

O escravo cocheiro revelou o outro.

Assassino?

Babilônia, você quer meus ovos?

Marte

SMS

Adoro omelete!

Até às 16 horas.

Levo o vinho branco!

Babilônia

SMS

Levarei Diotima de Mantineia.

Campbell, a palavra falada por amor é uma palavra que vem das origens.

Marte

SMS

Será um banquete!

Babilônia

CAPÍTULO 18

Fábrica de carneiros castrados

Baruch, em seu apartamento de 39 metros quadrados, aguardava Andréa, ouvindo pedaços de Adoniran, *blend* ópera do Trem das Onze, Édipo em cuíca e cavaquinho. Escutava ao mesmo tempo em que lia, recostado em seu gato, *La scomparsa di Majorana*. Ouviu dois toques seguidos de pausa, abriu a porta e ela avançou destemperada, beijando-lhe a boca, comendo sua língua e saliva, arrancando o livro de suas mãos.

– Lendo Leonardo Sciascia? Quem você é, Baruch? Mas, antes, quero revisitar esse pau amigo. Enfia, estou precisando! Mais, mais, forte, forte... Omelete! Omelete!

Esparramada em lençóis, Andréa incorporava Pauline, brancura marmórea, quentes olhares de criança, copo de mel nos lábios... Uma maçã, estática, repousada sobre um divã, desnuda em frieza e sutileza, sem espanto, ausente, persistência de uma falsa frieza *borghese*.

– Você sabe que admiro Gascoyne, professor particular de Jacó Gontard, banqueiro de Frankfurt, cuja esposa, Susette, viria a ser seu grande amor e musa para a bela Diotima, protagonista de seu romance *Hyperion*.

– Semelhanças são meras coincidências? Seu marido é banqueiro, eu não sou professor dele, mas aprendiz de sua esposa, Andréa Pauline Susette... – Riso maroto entre pernas de Andréa.

– Nessa época, Hölderlin se encontrava em uma situação difícil e dependia financeiramente de sua mãe. Hölderlin sofria de uma doença na época diagnosticada como hipocondria grave, condição que pioraria depois de seu último encontro com Susette Gontard, em 1800, depois de ser diagnosticado como louco... Mas, querido, se a Psiquiatria está fundada no mito CID-10, esse diagnóstico acontecido em 1800 é furado.

– Como você entende desse CID-10?

– Sou louca, ou melhor, dizem que sou. Casei com um banqueiro que é brocha. O carinha tem tesão em dinheiro, automóveis potentes, e compete

131

com homens. É homossexual enrustido, vive nos labirintos da viadagem camuflada, a pior das doenças. Homens, ricos, lindos, narizinho submetido à plástica, cobrem o rosto de educação exacerbada, vivendo de regime... Menininhas disfarçadas. Modernidade rima com magreza. Como está o seu colesterol? Tem efeitos colaterais? Cialis® é melhor que Viagra®? Quem disse? Cansado ou deprimido? Vazio? Idiota é sinônimo de vazio! Vou para Nova Iorque, adoro Manhattan, onde está Frank Sinatra? Onde está *My way*?

– Homossexual?

– Não doador, infelizmente. Mas viado camuflado inverte qualquer situação. Todo falso é enrustido. Homossexual é solução. Você já transou com homem?

– Na cadeia, você transou com mulher?

– Uma delícia, você não acha?

– Acho!

– Vivemos duplos!

– Voltando à paixão do Hölderlin, sem grana, sem o amor de Susette, volta para a casa de sua mãe e mergulha na tradução de Sófocles e Píndaro. Não é fantástico um homem assim? Louco é meu consorte, que só conta dinheiro, aplica, replica, fode com o dinheiro, ama o dinheiro e vai virar dinheiro, papel higiênico. – Riram. – Venha aqui, gostoso, quero te chupar... Vem, vem...

O duplo foi.

Omelete!

CAPÍTULO 19

Origem do mundo

SMS

Babilônia,

Você me flagrou.

Quem era eu lendo Leonardo Sciascia?

Meu duplo.

E o desaparecido Majorana?

O outro.

Receio.

Marte

SMS

Marte,

Tranquilo.

A internet não salvará o mundo.

Muito menos as dezoito testemunhas de Jango Goulart. Todos faleceram da mesma parada cardíaca.

A maioria dos assassinos morreu de morte dita natural.

A quem serviu a matança?

Ao instinto assassino escondido nos caninos.

Humanoides a caminho do seu grande destino?

Duvido.

Duvidas?

Babilônia

SMS

Babilônia,

Parecerei marido?

Segue a resposta dos conformes burgueses: recebi recado urgente para comparecer à reunião.

Não, não é mentira, muito menos outra. Sei que se existisse faríamos a três.

Odeio a moral burguesa que colore o mundo com Disney.

Ratos líderes. Bandeira!

O portador de mijo mortal é o líder de vendas.

Encontrei um velho amigo meu. Médico experimentado em mortes e dores.

Encontrei-o pálido, trêmulo, ligeiramente verde.

Relata que encontrou o cadáver estirado no banheiro, três balaços que um louco atirou na porta. Bingo! Deu a volta pelo apartamento encontrou a mulher estendida com um tiro, mata-porco – transpassada da direita para a esquerda, oblíquo.

Sobre o cadáver materno, a criança de dezoito meses.

Sua vasta experiência médica de pronto-socorro da Santa Casa de nada adiantou.

Sucumbiu diante do absurdo.

Para quê?

Nada, nada e nada.

Marte

As igrejas de todas as crenças nunca serão democráticas. Elas se pretendem uma República, porém são uma reunião de religiosos especialistas, o que redunda em reunião do nada. Aos poucos, cada qual em seu isolamento, criam feudos, que se atritam continuamente com outros feudos. Surge a falência moral, abre-se espaço para a consagração da tirania, das escolhas subjetivas, do assassinato da meritocracia, da falência. Não, não é obra de Satanás. É trabalho do duplo escondido sob os dogmas de uma fé. Onde se esconde o duplo? Contrário a Montaigne do início desse texto, na irracionalidade que se expressa em atos insensatos ou loucos. Inquisição, Jidah, fanáticos judeus, e outros. Todos ansiosos por evacuarem as tensões do duplo sem o caminho do pensar. Pensar exige que o amor a si mesmo corra riscos contínuos. Quem sou eu? Pergunta eleita de Montaigne (*"Que suis-je, moi?"*). Essa pergunta qualquer religioso não faz, ele delega a resposta a seu particular Deus, de seu duplo, ou outro.

A reunião aconteceria no convento das Madres de Dios Padre de los Prazeres. Escolheram a sala dedicada aos monásticos mantidos em silêncio, tentativa de busca da razão não comprometida com o desejo. Espaço decorado em madeiras vermelhas, incenso contínuo penetrando almas, o crucifixado pregado na parede, lembrete inesquecível, soalho de enceramentos pelas mãos das freiras de aparência quase piedosa. Silêncio, sons das árvores balançantes, janelas altas cerradas por copas folhadas, criando sombras. A natureza pertence ao interior da sala. O recorte de vidro das janelas produzia detalhe amarelado, iluminava cadeiras forradas de couro, braços terminados em garras harmonizadas com os pés, tapetes orientais raros. A sobriedade não ludibriava, o artista sob tintas maculadas de uma história pecamitosa, o ofício de Deus de perdoador, a reflexão dantesca dos que se encontram na meia idade, o inferno atemorizando os céus, distantes das mãos religiosas. Espelhos humanos, ganância, convergindo altares da sala de reuniões, que não se assemelhava com a chave de Melville e seu Deus Mar, aquele que em água metafísica observava ao longe a ancestral baleia. No entanto, a mística de Melville difere das dos filhos do Filho de Deus de Israel e de seus Rabinos, Bispos, Aiatolás ou Pastores.

Os zelotas encontrando água salgada em ondas infindas da meditação. Da água benta, a baleia surgirá em massa de carne intrigante, poder animal aprisionado em explosão, fúria, apenas vida animal. Não há pecado no mundo das baleias. Sobrevivem e reproduzem semelhantes aos humanos. Não há pecados aos olhos de Deus às ações humanas. Criou-se o outro, Deus perdoador.

Jesus crucificado, político mendigo – *homeless* –, que dirigia sua revolução aos judeus, falava de judeu para judeu. Criava o projeto do reino de

Davi, o território ao povo hebreu. Criava a revolução da inversão das castas, os ricos transformariam-se em pobres e estes em ricos. Devolvia a César o que lhe pertencia, e Deus devolveria ao povo judeu aquilo que lhe pertencia: o reino de Davi. Jesus da Casa de Davi era um pobre revolucionário, que seria aceito pelos futuros romanos como Cristo, distanciando-se do judeu que foi. Os judeus assassinaram o Jesus judeu. Roma assassinou o Jesus que ameaçava o Império. Não admitiam revolucionários, muito menos desobedientes a César. Jesus desobedecia a César. Ofertava ao pobre povo judeu um reino distante daquele de César. No entanto, como acontece em qualquer movimento político, as contradições são parte da essência política, logo havia judeus aliados aos romanos. Jesus desafiou o império, ameaçou destruir o templo, entrou triunfante em Jerusalém, cidade do templo, regido pela rígida Teocracia.

Jesus, mais um esquizofrênico ou mais um Messias a entronar-se no poder?

Ao seu redor, uma época em que a miséria, o analfabetismo e a fome dominavam os judeus. Sempre surgia um delírio esperançoso na criação de um Filho de Deus, ou Messias. Escreveram os evangelhos décadas posteriores. Quem escreveu? Os erros de um grego rudimentar, uma ortografia semialfabetizada, seriam ditados por Deus? Erra não apenas a gramática, assim como a geografia. A história escrita 80 anos após, sabemos da fragilidade da memória, das alterações das lembranças, da justiça, das questões do poder. Aí surge Cristo de outra história, *remake* necessário da pós-história de quem teve pré-história. Prefiro a história de Melville, uma questão de fé. Meu Deus é a baleia plena de instintos de vida. Quem é o duplo de Jesus? Cristo.

Não é pecado alimentar-se de carne humana nos altares, ainda que sob a forma de rodelas de trigo. Não é pecado negar a sexualidade animal humana. Religião é sinônimo de lei. Religião não é justiça interpretativa, é dogma a ser obedecido inquestionável. Religião é fábrica de produzir carneiros castrados, obedientes à moral pregada. É proibido o orgasmo – múltiplo? Nem imaginar.

– Para que serve o orgasmo, padre? Qual é a função do orgasmo, padre?

– Sexo somente para a procriação, filho!

Prazer é habitação da vagina satânica. A religião nos impõe o caminho ao reino de Deus, nos distancia do reino animal. Somente procriar a espécie, sem prazer, orgasmo. Tenha fé. Você será salvo, irmão. Do quê? Produção de filhos. Quem os alimenta? Quem os educa? Qual o Estado a que pertencem? Qual a instituição religiosa que os provê? Os desígnios de Deus?

A providência divina estampada na face idiotificada dos Santos, mumificados em bonecas de gesso coloridas de azuis e olhares aos céus. Pobres de fé adorando Santos Papas eleitos Santos. Papa é Santo? Papa não é duplo nem outro. Papa é uma entidade coletiva algemada em trono dourado, vestido de branco, infalível. Qual é o duplo do povo? O Papa. É um personagem necessário à instituição que rege. O homem que habita o Pontífice é o duplo de uma outra história, de um outro falecido. Papa avaliza o caminho da entrada aos céus.

Quais céus?

Os céus psicóticos daqueles que, pobres e fragilizados, estão em busca de um pai? Deus não é pai. Deus é indescritível. Deus não se qualifica segundo as leis humanas da virtude. As virtudes definidas pelas palavras humanas são intrínsecas às qualidades humanas. É impossível qualificar o Deus infindo. Crer em Deus é ter a consciência de estar em credulidade com o indizível, o inimaginável, o incompreensível pelas eternidades entrelaçadas. O céu não é linear. Os homens temem naturalmente a morte, regidos que são pelo instinto de sobrevivência. Até os Papas revelam o instinto de sobrevivência ao pedir, na hora em que se aproximam da morte, orações que abrandam seus pecados. Papa também peca, nem mais nem menos que qualquer homem. Os céus vivem sob a estátua da Virgem idolatrada. Assim eleita em virgindade, salva pelos códigos da lei sexual judaica, carregando seu bebê atrelado à teta cheia de leite. Virgem que adora o filho do amor proibido. Virgem filho de seu Deus.

Ela, a Virgem, defendia-se. Relatou a história de que seu Deus estava dentro dela, gerado em forma do nada. Fábulas de uma menina desesperada de pavor diante da transgressão da lei tribal. Transgredira a lei. Virgem e grávida inconciliáveis, seria apedrejada. Olha aos céus uma púbere pedinte de amores. Virgem que foste. A lei não perdoa, será Virgem eterna. Cria o mito de seu Deus, que gera o filho e necessita ser parido de mulher virgem. Por quê? Porque assim eram regidas as leis semíticas seculares. Foi por meio da linha de fuga que a menina judia criou o duplo, a Mãe de Deus.

Por que Deus não poderia nascer de uma mulher madura, desejosa por concebê-lo? Seria Deus tão ciumento e possessivo quanto o homem, que é proprietário da sua fêmea? Não! Mistérios da mente perversa do homem, que tenta se desvencilhar da vagina não virgem. O pré-conceito semítico da virgem e não virgem criou o espaço para a menina se salvar do amor sentido. Ela amou, e gerou o filho amado. Deu o leite amante da mulher em amor, criou com zelo, chamou-o Jesus, transformou-o em Cristo. A mãe é a matriz produtora do delírio do vir a ser do filho. De qualquer filho.

Uma resposta artística ao projeto da divina procriação, Gustave Courbet, Paris.

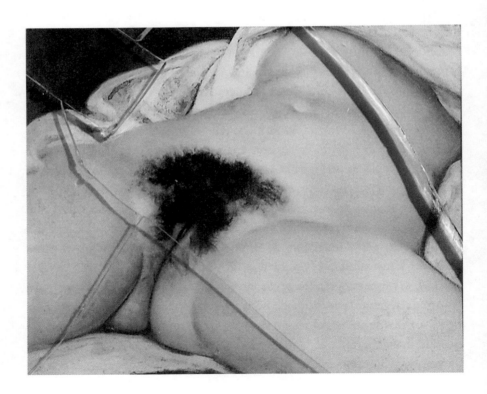

Courbet, em 1866, escancara, aos olhares vitorianos, a razão suprema da religião: o sexo. Ele batiza sua obra de *Origem do Mundo*.

É lá na caverna dos prazeres que o orgasmo abraça entre líquidos quentes, coxas teutônicas que se atritam, abrem e fecham. Courbet pinta fotografando em pincéis, pastas, espátulas. A modelo entregue às lascívias da vida, sem culpa ou dor. Apenas mostra o conhecido. Até as virgens reconhecem. A tela exposta sob vidros estilhaçados produzia a ruptura da visão sem véus. Foi o enrabamento em Courbet que acresci à minha leitura; meus olhares possuem lâminas que recortam o cortado. A dupla moral sexual ocidental tem seu duplo, aquele que não permite que a vagina tenha cabeça. A mulher acéfala. O poder vaginal além do córtex. É um misto animal do aconchego. Nessa tela, o visível sob vidros estilhaçados. Não, não é uma interpretação frugal freudiana, temor da castração. Os vidros cortantes no lugar dos dentes. Não é uma lacanagem, que busca o real criando a mulher que não existe. Tanto que há uma lenda que diz que a tela de Courbet esteve escondida na residência de Jacques Lacan, em um quarto, sob um pano. E ele abria-a para seus convidados, que exclamavam sonoros olhares vitorianos: "Ohhhs! Oh! Ela tem boceta!", ou seria essa a origem do mundo?

CAPÍTULO 20

Tela de Baruch da Silva

Na parede que servia de anteparo para a cabeceira da mesa, havia uma tela pintada a óleo e assinada por Baruch, *A busca*. Suas formas douradas impediam que não a vissem. Espermatozoides correndo em direção à criação. Exposta à frente da *Origem do mundo*. Um encontro desejado do duplo de Baruch exposto à visitação de todos. Assis estava sentado à cabeceira da mesa maciça de mogno, que ainda mostrava veios da antiga vida, luzes reflexas; no centro da mesa, o crucifixo espanhol do século XV demonstrava a figura contorcida em dor do Filho de Deus, anunciando o projeto cristão, a salvação pela dor, a abstinência, o sofrimento, carregando a cruz. As cadeiras emolduravam em espaldares altos, que terminavam, em uma cruz, o altar da agonia. Dor para salvar o homem gerado pela cabeça erótica de Adão. O duplo de Adão destruiu o outro Adão masoquista. Na outra cabeceira da mesa, o Bispo tamborilava dedos impassíveis – recordações não conscientes das vivências masturbatórias com o velho padre alemão. Havia um movimento disléxico em seu queixo, ruminação ladainha. À sua frente, uma caneta e uma folha de papel amparada por porta folhas prateadas, óculos de aros redondos de ouro fino. Era míope; a barba depilada não permitia vestígio de pelos, a constante irritabilidade da pele gemia sob a lâmina que ia e vinha, limpando, cortando, não permitindo luxúria; o pescoço gordo aprisionava a jugular, asfixiada de tantas coisas; estava acima do peso e sua ligeira barriga fora arquitetada pela cerveja, com mãos gorduchas, pernas encobertas pelo hábito e os pés pãezinhos franceses calçados em verniz brilhante. Seus dedos, tamborilando, faziam dançar o anel dourado, com uma pedra ametista que produzia alguns luscos e aliançava o seu poder.

Na parede à direita, um quadro de Goya, *A maja nua*. Lusco-fusco anunciando a morte dos homens, em corpo moreno sobre almofadas, desavergonhada aos olhares, púbis pecado, faixa sanguínea, olhos decifráveis apenas pelos filhos do duplo Adão e demônio, braços livres, cabelos pecados, mundo de desejos; recordação aos santificados homens, compunha advertência da dor, morte, céu, inferno, culpa, movimento, palavras de salvação aos pecadores. Os dedos do Bispo sem interrupção, no tamborilo descompassado e não rítmico, um tique além de nervoso declamando faltas de carinhos, dúvidas, expressão neurastênica impedida. Os meios eclesiásticos assim viveram desde os tempos de rancor e amor; duas verdades pendulares consagram os destinos dos mortais que pretendiam santificar-se. O pêndulo católico ia e vinha entre duas verdades ambivalentes: desejo e sublimação, até o alívio da morte.

No entanto, algo impediu ao Bispo de continuar sua peregrinação em busca de céus maiores alcançados pela morte. O amor terrestre entre suas pernas peludas, escroto com bolas carregando vontades, a produção intermitente de espermatozoides que se alocavam em espaço do epidídimo, em contagem regressiva para serem lançados, suores testosteronas, corpo roliço das querências, masturbações engomavam lençóis, o pau subindo sem licença, sexo vivo no território eclesiástico dos mortos-vivos. Assim, o projeto Santo foi se passando para o duplo lado de lá. Recordava o dia em que se apaixonou por uma jovem senhora da tradicional família mineira, frequentadora assídua das novenas infindas das Ave-Marias. Irromperam olhares desencontrados, o pau do Bispo comandou as ações e a virgindade de esposa perdida sob os olhares da estátua de São Sebastião, senhora Maria Doriana gemia a não mais permitir-se.

– Foi milagre além de pedido. Louvado seja São Sebastião das flechas penetradas!

– Amém!

Pedia ao Bispo milagroso que continuasse a tarefa do bem ao próximo. O pau entrava e saía, entrava e saía, ele gemia entre Santos, ela oferecendo o cu pedido. "Nada se nega ao Bispo!". Gemiam baixinho o amor entre corpos beatificados:

– Ah, minha doce Doriana, como poderei viver sem você?

– Ah, meu Bispo predileto, te quero além de tudo! Bispo! Bispo!

Como se pedisse ajuda das mãos que a impedisse de se ir. Foi, sempre ia. Às tardes das novenas carnais, recordava a esposa Mathilde, gemendo debaixo da vara, "Luis Bernardo! Luis Bernardo!". Miguel Tavares desenhava em rendas o adultério aristocrático lisboeta em um quarto de hotel. Após o gozo, a santidade evocava o céu distante do inferno hebreu. Após a fadiga prazerosa, descansavam, depois Doriana e o Bispo vestiam-se, ela de rendas negras, ele de aparadores, e dirigiam-se ao altar de São Benedito, em frente ao negro Santo imploravam perdão, ao mesmo instante olhavam malícias que somente amantes podem ver. Ave Maria cantada pós-sexo, até o instante em que o chofer da senhora Maria Doriana, humilde de chapéu nas mãos, ecoava o ar de sua presença, pigarreando nos intervalos das rezas. Ela erguia-se dos joelhos, beijava o anel do Bispo e saía com a cabeça voltada para os chãos vestidos de azulejos pintados às mãos portuguesas. O Bispo tentava, não resistia última olhada sambista e santa, "Santa Maria Doriana, orai por nós". Doriana ofertou *Maja vestida*, de Goya, tela pintando o duplo em sentidos e desejos da *Maja nua*.

Assis impacientava-se com o tamborilar dos dedos do Bispo. O assunto que seria tratado naquela mesa não permitia outra situação senão o da aparição da neurose coletiva. Sabiam que estavam próximos do mais ousado dos passos do homem em direção ao divino, e a astúcia com comprometimento eram mínimas necessárias. Adentra o secretário do Bispo, o porta-voz mordomo do Padre Alvelar, anunciando a chegada do aguardado.

SMS

Marte,

Milagres a cada instante.

Milagre diário recebe nome cotidiano.

Não se canse.

Babilônia

SMS

Babilônia,

Parecemos democracia.

Batalhas de palavras que ricocheteiam em opiniões.

Opinar é não conceituar.

Como informava Arthur Koestler, vivemos a Democracia das Galinhas.

Por quê?

Quando guilhotinadas, continuam a correr em uma mesma linha, depois, acabam.

Quando a democracia morreu? Quando acreditaram que a voz do povo é a voz de Deus.

A massa elege analfabetos semelhantes.

E surge o movimento galináceo: torturas e guerras, para a causa da paz! Os reinos dos Maus e, óbvio, o dos Bons. Nível picadeiro.

A corrida das galinhas é mais honesta que a dos políticos.

Esses vivem em paus de galinheiro.

Marte

O duplo adentra ao salão das reflexões cristãs, envolto em vaidades típicas dos padres, impregnado de aroma parido pela dama da noite. Caminha surgindo o monge Baruch da Silva. Ele mesmo, barba bem feita, rosto anguloso entre macho e fêmea, cabelos soltos descompromissados, corpo definido em músculo e pele, torneado, religioso pós-moderno. Um típico duplo em si.

– Irmãos, que a paz do Senhor esteja convosco!

– E contigo também.

– Amém!

Sentou-se entre o Bispo e Assis.

– Vamos ao tempo, que corre contra.

Baruch em pé, mãos apoiadas ligeiras sobre a mesa, fala pausada, calma, dos que estão bem em vida.

– Irmãos, vocês têm acompanhado a minha aproximação com Andréa. É mulher inteligente, interessante, sagaz, voluptuosa, com todos os atributos de Lilith, infindamente distante de Eva, bastante atualizada no tema que desejamos; contudo, não permite que nada escape de seus lábios, se revela, além de astuta durante as trocas de mensagens, carinhos. A razão tem falado mais alto, não se emociona. Acredito que, com mais tempo de namoro, amantes, a alcova auxilie e revele o que procuramos. Ainda nos encontramos em momentos de conquista e confianças recíprocas, ela se mostra atriz. Casada e livre, uma combinatória difícil de ser administrada, e ela o faz e bem. Não acredito que esteja apaixonada por mim, sua grande paixão é a liberdade em si mesma. Culta, irreverente, sofrida, seus afetos congelaram. Busca o sexo com todo o prazer possível e sem culpa. Mas o coração é congelado, distante, muito frio inicialmente, um pouco morno atualmente. Seu sexo ardente. Mas nada me foi revelado.

Nesse instante, um rápido olhar cursa entre Bispo e Baruch, percebido por Assis, que se mantém impassível. São momentos de outras questões ou histórias. Naquele momento, a validade é dos atos institucionais. Assis interrompe:

– Irmãos, sou neto de índia, e minha doce avó, graças ao bom Deus, converteu-se ao catolicismo. Ela mantinha os rituais indígenas mesclados com o fervor da fé cristã. Havia, em sua casa, em uma gaiola por ela construída, um Bonito-lindo, imitador dos cantos dos outros pássaros com perfeição divina, uma orquestra sinfônica afiada repercutindo sinfonias. Virtuoso cantador, a mata silenciava para ouvi-lo. Vovó o acompanhava na feitura dos doces de milho e coco. No entanto, uma tarde o silêncio se fez,

145

persistiu. Minha avó dirigiu-se para a gaiola e viu uma cobra enrolada em si mesma em sono digestivo, o Bonito-lindo em sua barriga. Vovó matou a cobra e com seu canivete afiado abriu o ventre da víbora retirando o pássaro cantor, "Ela não vai levá-lo, não!". Em seguida, fez uma linda cerimônia de despedida com cantos, danças e aves-marias. Lembro-me dos seus braços em forma de asa, como que ajudando o pobrezinho a voar em direção ao colo de Deus. Vovó era fiel a tudo que era posto ao seu redor, até depois da morte.

Silêncios escutavam.

– Assis, você tem uma irmã freira? – o Bispo perguntou em tom escondido.

– Bispo, você sabe que Clarissa é freira e, posteriormente, foi ser psiquiatra.

– Ah, sim! Me recordo. Lapso da velhice. Ela foi estudar com aquela psiquiatra comunista.

– Com a mais extraordinária psiquiatra brasileira e quiçá do mundo, dra. Nise da Silveira. Essa mulher, frente a nós três aqui sentados, torna-nos menores que piolhos. Ela teve coragem de enfrentar a empáfia dos médicos e psiquiatras. Haja empáfia! Dizia a quem quisesse ouvir que aprendeu a Psiquiatria observando, acolhendo e percebendo os animais, muito mais do que com seus eméritos professores doutores. O duplo esquizofrênico encontrou a paz em dra. Nise. Levou paz aos asilos, hospitais psiquiátricos, resgatou os pobres de Deus que estavam abandonados entre muros horríveis de altos, impedindo que os doentes se sentissem gente. Se isso é ser comunista, Cristo também o é. Minha irmã aprendeu com dra. Nise ética, conduta e amor ao próximo. Dra. Nise nunca deu um choque elétrico, resgatou a dignidade do ser humano com ternura, teatro, danças, artes plásticas, animais, gatos e cachorros. Dra. Nise da Silveira não se vendeu aos laboratórios médicos, não realizou pesquisas encomendadas, não se ajoelhou cabisbaixa ao CID-10. Foi médica psiquiatra na essência do humanismo. Fez o mundo ver que o doente mental é um ser humano doente. Necessita ser compreendido, não precisa ser aprisionado e muito menos julgado. Minha irmã aprendeu a lição e, hoje, a dra. Clarissa trabalha no Nordeste, em um hospital do sertão brasileiro da pobreza, cuidando dos loucos jogados rua afora pela sociedade capitalista, que se finge católica. Os loucos são marginalizados pela sociedade por não serem consumistas. Imagine! Você é louco de não ser consumista! São esses os pobres de Deus que falam uma linguagem divina a ser decodificada. Os delírios procuram interlocução, o meio que Deus deu a eles de denunciarem a escravidão em que a humanidade se encontra. A palavra é a única linha de fuga; constrói a denúncia por meio do delírio. Pela loucura, na construção do delírio, denuncia. Dra. Nise aproximou-se do imaginário, não reduziu o conhecimento da inconsciência apenas pela palavra. Descobriu, revelou que as imagens retratam a imagem imaginária... Acho que me estendi mais do que devia. Me emociono quando entendo que o duplo vivo de minha irmã, a piedosa freira, empunhou o instrumental de médica para melhor servir. Lembrei-me do pássaro Bonito-lindo na barriga da cobra, minha avó rasgando o ventre para libertá-lo ainda que morto. As mulheres são mais valentes que os homens... Minha avó, dra. Nise e minha irmã Clarissa nunca tiveram medo de dar oportunidade para os outros expressarem a criatividade. Os poderosos envenenam cachorros alegando que eles sujam e contaminam. Tranquem os loucos! Expulsem os crônicos! Com exceção dos crônicos ricos, que mantêm o *cash flow* dos consultórios!

O Bispo não interrompe o tamborilar dos dedos. Baruch olhava para baixo, como se a carapuça servisse. Assis, pela primeira vez, permitiu que uma gota de suor escorregasse religiosamente pelo lado esquerdo de sua face.

CAPÍTULO 21

Livros são máquinas de guerras

SMS

Marte,

Não sabia que lia Deleuze.

Babilônia

SMS

Babilônia,

Quem me apresentou Deleuze foi um argentino louco. Desses emigrados de
Buenos Aires, no momento da ditadura norte-americana/latino-americana.
Foi expulso: fugia ou morria. Fugiu.

Aqui em Sampa, encontrou um ambiente hostil, a princípio e no fim.

Alto o preço da taxa de emigração.

Psicanalista, marxista, judeu, combatente de todas as formas de ortodoxia. Um
apaixonado pela loucura.

Não se entregou! Lutou como um leão. Brigou com inúmeros.

Depois, o velho leão se alocou nas Minas das Terras Vazias. E lá continua até
altas horas das luas cheias a ensinar o enrabamento prolífero das máquinas
desejantes.

O anti-Édipo produz luzes nos túneis do existir.

Até nos mais íntimos intestinos conservadores.

Utopia?

É um, além de um sonho, protesto.

Sozinho, na fronteira, atira para os lados, às vezes mira em frente, outras para
trás, mas sempre atira, sempre tem munição.

149

Munição? É a palavra.

Foragido, perseguido das ditaduras latino-americanas. Assassinatos em todos aqueles que pudessem ameaçar a Verdade do Poder. Quantos inocentes tombaram!

Sangue vertido, que fez nascer uma América Latina mais corrupta, odiosa, dando continuidade aos tempos coloniais.

O anti-Édipo é a leitura que nasce nos alfabetos dos perseguidos.

Não há psicanálise para a miséria, assim como não há solução para a doença de Chagas; o remédio é matar a pobreza.

Deixa para lá!

O poder não quer jamais despertar a consciência do miserável.

Anti-Édipo e o projeto revolucionário de entender que o homem, sob a questão piramidal, é leitura monárquica.

Somos de origem social em busca de uma sociedade não verticalizada.

Quando se verticaliza, não há justiça.

Justiça é a lei que se relativiza segundo o poder.

O poder lê a lei sob seus oráculos e necessidades.

Mas a justiça maior e única é a construção da alma humana, ou seja, a velha Paideia, a educação.

Ser justo é educar o próximo.

Sem isso, nada é possível.

Os governos serão eleitos pelos tementes a Deus e pelos analfabetos.

Cria-se uma democracia eleita pelos miseráveis. A justiça se extingue, a educação soçobra.

Anti-Édipo é leitura de outro milênio. A consciência de que o Estado é reflexo da alma humana.

O Estado será bom quando a alma humana conseguir sê-la.

Marte

SMS

Marte,

Sei que você mente...

Mas quem não mente?

Sei que você mente.

Não sei o porquê. Talvez tenha medo de mim.

Será?

Sei que sua questão não passa pelas ruas do mesmo padrão da normalidade, ou chatice repetitiva.

Não seria harmônico você me dizer?

Você sabe o quanto sou aberta.

Às vezes, sinto raiva de você.

Ok... Se transforma em desejos.

Mas não é sempre assim?

Você mente.

Somente não sei o porquê.

Ah... Eu gosto.

Quando você escreve sobre seu amigo porra-louca argentino, um anarquista. Concordo. E penso: você é o duplo do anarquista argentino? Não creio. Você é o outro.

A humanidade recebe o Estado que consegue produzir.

Se a massa é ignóbil, o governo também o será.

Sei que você fala do Édipo. Sei que é reducionismo restringir a alma humana a esse complexo.

Ficamos repetindo o papai, a mamãe, depois preenchemos os lugares vazios a serem preenchidos pelos lugares fantasmáticos do papai e da mamãe.

A roda não sai do lugar.

Por isso, o tratamento psicanalítico é de pouca eficácia. Roda a roda do mesmo platô.

Ao mesmo tempo em que a vida é curta, tanto do psicanalista quanto do analisante ou paciente.

Restam pouquíssimas décadas.

A masturbação edípica é sem fim.

Repete-se, repete-se, e não se recorda.

Elaborar o quê?

Mas é o início de um projeto.

Os gregos iniciaram a democracia sem saberem.

Os poetas iniciaram os cantos aos deuses.

Todo o acontecido de bom ou não era imputado aos deuses.

Até que outro poeta, Sólon, pela primeira vez, canta em poemas a construção do homem harmônico, como possível desde suas próprias forças.

Transforma Deus em homem. Cria a justiça humana desvinculada da divina. Usa a matemática. Apoia-se em Anaximandro, o instaurador da matemática a serviço da cegueira. Cria seu cosmo circular, planetas redondos. Sólon resgata e continua.

Redige a lei. Impõe a obediência à lei. Cria a justiça. O Estado com justiça, uma forma possível social. O resto é máfia.

Cria a educação.

O homem sem educação não tem possibilidade alguma de viver o pouco tempo na Terra em harmonia.

Viver em sofrimento não é viver, é perversão.

O ignorante sofre.

A maioria dos milionários de dinheiro que falem.

Mas falarão o quê? Será que sabem o que é significado? Significar?

O milionário vive o outro em si. É o espelho de um outro. Tomemos champagne com pedras de gelo Sabesp!

Babilônia

SMS

Babilônia,

Locomotiva desvairada.

Nua louca varrida.

Varrida louca nua.

Louca varrida nua.

Nua varrida louca.

Varrida nua louca.

Louca nua varrida.

PS.: Deleuze: a máquina desejante maior.

A única máquina escolhida pelo *jazz* foi a locomotiva.

Uma mistura de animal que escorrega na trilha dos trilhos.

No entanto, descarrilha nas curvas dos territórios.

Locomotiva esquizofrênica, imagem pós-história. Pré-história?

Apenas máquina como duplo do *jazz*.

Locomotiva caminha por toda a superfície.

Não respeita fronteiras.

Apita como búfalo. Arrepia qual cavalo.

Máquina desejante do *jazz* que traz e leva história.

Mesmo em vagões vazios.

Sempre vazios, mesmo que repletos de gente, ainda que ausentes.

Padrão da dita normalidade: médico de terno, gravata, pasta de couro, estetoscópio dependurado, canetinha Montblanc dependurada no bolso esquerdo, folha de recibo ao lado do lado de lá.

Sentei-me em um desses vagões, a paisagem árida, areião de pedregulhos e cactos esparsos. Raros.

Sol.

Ao fundo, montanhas com neve. Faltaram apaches.

Você e eu sentados, de pernas de fora, balançando no ritmo *blues*.

Sem destino.

Para lá e para cá.

Vida sem bússola, sem ruído. Apenas trilhos livres.

Chegamos a um porto.

Pulamos o vagão e corremos por entre trilhos, debaixo de vagões estacionados.

Dupla marginal.

On the roads?

Procurando identidade livre qualquer.

A locomotiva. Loco. Motiva.

Marte

SMS

Marte,

Modernidade é locomotiva.

Locomotiva sinônimo de progresso.

Progresso, sinônimo de modernidade.

Progresso não é modernidade. Modernidade não é progresso.

Locomotiva. Progresso? Modernidade?

Prefiro Benjamin, o Walter. Ele aponta o progresso como fuga de um passado
tenebroso, horroroso, sombrio.

O progresso foi a mentira de um movimento para a frente.

Progresso, sinônimo de fuga!

Passado, sinônimo de buscar um delírio em um futuro.

Progresso sofre amnésia do presente.

Vivemos apenas no presente.

Futuro das pegadas passadas.

Passadas, memórias desconstruídas.

Babilônia

Bispo nasceu em Terras Perdidas, no interior de São Paulo. Era uma cidade igual a qualquer outra do interior brasileiro. No centro da praça principal, uma igreja dominava a paisagem; a ética, a moral, a fofoca e a política. Igreja de santa qualquer coisa ou de santo de outra coisa, repetiam-se semanalmente as mentiras do púlpito: falavam sobre a infalibilidade do Papa, que a virgem gerara um só filho sem intercurso sexual, que o novo evangelho escrito sessenta, oitenta anos após o assassinato do Cristo jamais fora adulterado e fora escrito em grego, não em aramaico, a língua que o Filho de Deus falava, que os erros ortográficos grosseiros deviam-se menos a quem ditava e muito mais a quem escrevia, o mesmo sucedendo com os inúmeros erros geográficos, pois havia a inexistência do *Google Maps*. Quanto aos ditos por Jesus, que preexistiam no velho Talmud e, raramente foram explicados, o duplo nunca disse, blasfêmia. A cidade interiorana obedecia e circulava entre o nada e a insignificância dos bailinhos familiares do único clube existente. O relógio da vida monótona esperando que a vida passasse e a morte os conduzisse à festa do céu. O *footing* ao redor da única fonte da praça escolhia os já escolhidos casais para se acasalarem, parirem, batizarem os filhos na mesma pia batismal em que o vovô foi batizado. O coronel era uma pessoa enviada por Deus e abençoada pelo Bispo.

– *Vade retro Satana!*

O filho de Zé pequeno, conhecido como filho invisível, fruto do ventre de qualquer coisa, viveu entre comida pouca e água bastante, e *benzedeirice*. Morriam irmãos, nasciam, recebiam batismo e, pouco tempo depois, viravam anjinhos. Os anjinhos voavam sobre a aldeioca primitiva dos interiores brasileiros; tinham cores negras, urubus santificados voando em círculos, planadores que subiam e desciam, furavam nuvens, o trabalho incessante de carregarem os filhos dos miseráveis ao paraíso. Anjinhos.

155

O duplo assexuado do ser humano procriativo? "Crescei e multiplicai-vos". Miséria de leite ou leite de miséria?

O povo compreendia que os urubus dos altos dos céus carregavam no bico as prenhas santificadas das extremas unções do Bispo – filhotes paridos e falecidos não precisavam sofrer a vida cotidiana miserável brasileira, iam direto em asinhas invisíveis, análogas aos anjinhos ricos que voam em brancas pombas ao lado do Nosso Senhor. "Urubu-de-cabeça-preta, orai por nós".

Mas a natureza apresenta destinos variáveis. Quem controla o destino? Qualquer jeito humano é cercado pela dúvida do êxito ou fracasso. Dos irmãos que vingaram, uma virou freira e a outra se perdeu na BR12 até ser encontrada trucidada. Não foi carregada por urubus ou pombas, o caminhoneiro que passou a levou a preço de sanduíche; o assassino nunca foi encontrado. Aliás, nunca ninguém o procurou. Em terras brasileiras, quanto vale uma puta? Um duplo?

Encontraram o corpo da magrinha de 14 anos de idade, corpinho frequentado por caminhoneiros de norte a sul, leste a oeste, sem os dentes da frente, cabelinho cor de espiga de milho maduro, corpinho estraçalhado por facão de cana, dividida ao meio, vértebras estilhaçadas; ficou conhecida como Madalena do Corte. Cabelos negros lisos de índio, boca descida marcando mágoa, vida sofrida sem justiça. Justiça? Em terras brasileiras, é mais fácil encontrar burro azulado do que isso. Rezaram muito para que a menina puta pecadora não fosse para o inferno. A outra irmã freira dizia que os assassinos eram os brancos brasileiros, e ninguém dava bola, pois não entendiam o que ela queria dizer. Chamavam a freirinha de comunista doidona. A freirinha ajoelhada rezou dias e noites no sertão das avenidas. Os carcarás tinham formas humanas. Os céus cobertos de urubus, carregando corpos de criancinhas brasileiras descuidadas.

O futuro Bispo, irmãozinho da freira e da menina puta trucidada, agarrado à teta murcha da mãe, sobreviveu. Dizem que foi milagre de algum santo que por lá existia. Ninguém soube o nome dele – santo qualquer coisa. A quantidade de leite era tão pequena que o pequerrucho mamava as próprias lágrimas escorridas. Uma gota de leite virava centenas de lágrimas, que escorriam e entravam boca adentro. Foi o bebê alimentado das próprias dores de um país distante. Com o tempo, ajeitou o corpinho nos modelos, barriga cheia de bichas expulsas na benzedeirice. Não vá nadar em lagoa de coceira! Por azar ou sorte, obedeceu. Cursou o primeiro ano primário na escolinha dos sítios que a abnegada dona Constance, que ensinava com humildade de Francisco e, de tanto ser boa, foi presa como comunista e guerrilheira, amém. Ela apanhou forte no quartel da Polícia Militar. A surra foi tamanha que, 90 dias depois, dona Constance saiu pela porta da frente apoiada em duas bengalas de bambu, olhando o mundo como olham os pobres de espírito e repetindo apenas uma única palavra até o fim da vida: "Eu! Eu! Eu!".

O vento acontecia, a chuva não parecia e tudo era colorido de marrom em terra de Nosso Senhor Jesus Cristo, que nunca apareceu. Dizem que aparecia na casa do Coronel, e lá participava da ceia. Parece que era Judas, dizia a turma do lado esquerdo da mata; diziam que os comunistas queriam matar Jesus. Nunca se soube quem era aquele homem de bata branca, cabelos pretos desgrenhados, barba comprida, sandália de couro, cajado longo, que surgia às vésperas para jantar. Dizem que bebia muito vinho, nunca ninguém viu sua saída. Alguns afirmavam que voava em direção às nuvens e lá ficava observando o que cada um fazia. Ai se fizesse coisinha errada! Descia e informava ao Coronel. Depois, era só gemido e morte. A paixão do miserável Cristo brasileiro das caatingas e cidades. Aliás, não havia duplo das cidades, sempre era outro.

O futuro Bispo foi enviado pelas mãos de Glorinha, colega de estrada da falecida irmã pecadora, ao Seminário de Padres do Mundo Além de Itu. Lá, abandonou o mundo e entrou como Alice em outro universo nunca imaginado. Obediência, severidade e afastamento de qualquer prazer da vida. À noite, após a sopa e o copo de chá com torradas de pães amanhecidos, ia direto para a cama dormir. No início pensou que sonhava com o seu professor padre, de cabelos brancos, barrigudo, sotaque alemão caipira, cheirando a suor; dirigia-se a sua cama, ajoelhava-se ao seu lado e rezava. O menino futuro Bispo acordava quando sentia a mão do padre velho indo em direção ao seu pinto. No começo, estranhou, depois foi sentindo uma sensação que nunca mais o abandonou quando sentia seu pau inchando nas mãos do velho, começou com cócegas de acalanto, depois virando prazer. Somente mais tarde veio a saber que se tratava de sacanagem.

Padre dos cabelos brancos e futuro Bispo fizeram-se amigos silenciosos das noites seminaristas. Os seminaristas amiguinhos dormiam ao lado e, se porventura algum acordava e via a cena do velho padre ajoelhado orando ao lado do leito do jovem seminarista, não percebia a mão do velho padre batendo punheta para o futuro Bispo. Até que, em uma noite, o velho padre realizou uma novidade, enfiou a cabeça por sob as colchas e apanhou seu pinto, sem porra ou pelo, e começou a chupá-lo. Chupou tanto que ficaram as marcas incisivas do velho padre na glande, mas o futuro Bispo estava gostando. Seu corpinho, depois disso, sentia um tremor que corria do pau para os pés; estremecia um pouco, agitava a coluna da cabeça até o sagrado sacro, depois os músculos contorciam e, em seguida, a parte boa do relaxamento. Todas as vezes que o velho padre alemão interrompia a sugação, tentava se acalmar escrevendo o sinal-da-cruz nos ares, abençoava a todos do quarto e, sem olhar para o futuro Bispo, saía como entrou, cabeça baixa, olhares fixos para chão, e o corpo arrastado de um homem doente de tesão e culpa, um católico.

O futuro Bispo e o padre velho nunca conversaram a respeito, apesar de esse ritual durar anos, apenas interrompido por causa da morte do padre alemão. O futuro Bispo sentiu a falta, antes de sentir raiva. Seu corpinho parou de tremer, mas os dedos tamborilavam incessantemente a memória, buscava o pau e masturbava-se, mas não era a mesma coisa. Essa falta o acompanhou por toda a sua vida. Virou um filósofo pessimista em relação à humanidade, muitas vezes perdeu a fé em algum sapato perdido. Encontrava a fé quando sentia um comichão de esperança. Dessa mistura de sexo menino, padre velho excitado, felação e masturbação, criaram-se na cabeça do futuro Bispo associações de histórias fantásticas míticas e religiosas.

Assim, nasceu a ideia de Deus Criador ao futuro Bispo. Nada se criava, nem se julgava, apenas existia. Era protagonista de uma cena não pedida. Acontecia. Simplesmente ocorria. Caixa preta? Sim, aquela mesma caixa que gera coisas, como fé, imagem ou prazer. Como acontece? Deus, do acaso, promove. Sem destino, sem razão, sem culpa, sem julgamento, sem intenção criativa. Apenas um Deus que cria uma caixa preta, na qual o surgimento dos eventos até depende dos protagonistas quaisquer. Nascia um Bispo protagonista.

Acreditava nisso até que surgiu a prova divina; aconteceu no seminário a aparição do anjo protetor do futuro Bispo, o duplo preto nigeriano, foragido das matanças entre tribos irmãs. Ele era um ibo, tribo escolhida pelos iorubas como o sacrifício encomendado por Alá. Era uma época em que a África despedaçava-se sob as ordens dos deuses brancos, fins dos anos 1960, manchetes e facões dilaceraram e trucidaram cabeças para lá, tripas para acolá, pernas desconjuntadas e terra empapada vermelha, o cheiro doce misturado à morte.

O negro escondeu-se entre corpos desmembrados de sua família, permaneceu por tempo que somente os deuses sabem; quando foi salvo debaixo de uma pilha de cadáveres, estava agarrado à cabeça de sua irmã, que olhava para dentro de si mesma. O jovem ibo recebeu o nome inglês Peter, foi encaminhado para a organização não governamental dos anjos loiros e, de lá, encaminhado para o seminário. Falou apenas uma única vez ao futuro Bispo:

– Menino, o que esse demônio do padre velho está fazendo com você eu vivi. Fique tranquilo que ontem a noite foi a última vez.

O padre alemão amanheceu esquartejado no corredor dos dormitórios. Uma mão aqui, em seguida os braços e a pélvis ali, rastros de carnes... Nunca foi achado o genital do padre velho de cabelos brancos, e a lenda dizia que Peter o havia comido. O futuro Bispo viu a polícia chegar e levar o africano angelical de alma preta. Seu rosto olhava feliz para o menino futuro Bispo. Salvara a sua alma. O padre alemão deixaria de fazer mal às criancinhas. O negro Peter morreu no manicômio judiciário enforcado. Havia dúvidas se fora suicídio ou qualquer outra coisa, então foi registrado como suicídio decorrente de surto psicótico. Nunca foi provado o canibalismo do negro ibo. Nunca foi encontrado o pênis do padre velho de cabelos brancos. Dizem as lendas conventinas que o membro enorme do padre alemão criou asas e voava pelos dormitórios dos seminaristas. Todos acreditavam nessa história e os garotos cobriam-se de temores de virem a ser os escolhidos. Dormiam envoltos em pânico pedófilos.

O futuro Bispo sabia que devia sua sanidade psíquica ao negro ibo, que o defendeu da única forma possível naquele momento, assassinando o mal. Seria o negro ibo um enviado de Deus? O futuro Bispo aferrou-se a essa crença, apegou-se com todas as unhas a essa verdade. Deus o protegera. Deus o escolhera. Ele seria o enviado para as causas justas. A partir desse instante, sua procura por Deus acompanhou os caminhos menos dogmáticos possíveis, pois sabia que Deus também se expressava sob o facão do negro ibo.

A mistura de misérias humanas sem fim habita todas as instituições, não apenas as políticas, psiquiátricas e religiosas, que acompanham a mesma dança das perversões e psicoses de qualquer outra instituição. Quando o futuro Bispo fez os votos para padre, não teve a menor dúvida de escolher o nome de um Santo negro para batizá-lo como um de seus nomes: padre Benedito África Maria, o nome escolhido do futuro Bispo. No entanto, vivia em pecado, uma vez que nunca pôde esquecer o dia da vingança; os pedaços do cadáver do padre velho alemão de cabelos esbranquiçados sem pau, corpo esquartejado pelos corredores pintados de vermelho. O menino futuro Bispo, saindo do dormitório em seu camisolão manchado de abacate, olhava para o verde do peito desbotado. Vermelho e verde invadiram suas pernas, que fraquejaram, balançaram e nada mais restou além do desejo de desmaiar.

O menino futuro Bispo abusado acordou 2 dias depois na enfermaria, cercado pelo carinho das irmãs, que lhe trouxeram seu suco favorito, abacate com limão e açúcar. Tomou em goles lentos, sorvendo a imagem que, viva, insistia em viver em seus pensamentos – corpo esquartejado e masturbação. Sentiu calafrio e desmaiou por mais semanas. Acordou e as freiras continuavam ao seu lado, como se tivesse acontecido ontem; pediu água e lhe ofertaram. Depois, pediu para se sentar e o ajudaram. Sentia suas veias sem sangue, sentia que havia um líquido amarelo diferente, olhou para os olhares santificados das freirinhas, que possuíam sangue avermelhado e o dele, a partir desse momento, seria amarelo. Rezaram o terço incontável de sofrimento e dor. O padre velho de cabelos brancos jazia no inferno, o futuro Bispo África Maria não conseguiu perdoar, mas continuaria orando.

O futuro Bispo sabia que o velho padre de cabelos brancos fora o assassino de sua adolescência, deformara os princípios iniciais do amor e da paixão, e não poderia ser perdoado. No entanto, reconhecia suas ações sobre as mulheres casadas mal amadas pelos maridos, que foram se transformando em amantes do padre de cabelo branco. Esse padre alemão fora responsável pela angústia do menino futuro Bispo, e as inúmeras novenas não resolviam as lembranças do seu pau duro nas mãos do velho padre e do chupar o pau que o levavam a fantasias com outros padres e outros homens velhos. Reconhecia que não desejava, mas estava inscrito em seu desejo primeiro a violação que imprimiu um modelo do qual não conseguia se libertar. Havia uma matriz indelével que misturava vergonha, dor, culpa e desejo.

E, sob esses delírios sexuais infantis, surgia, em imagem, uma mulher querendo foder com um padre silencioso. Dois sofridos que se usavam em nome da perversão sexual adulta qualquer. Adulta ou infantil? Ela querendo continuar vadiando com o dinheiro do marido, ele fodendo com a mulher que à noite não recebia nada. Orava enquanto aguardava que o abacate verde maduro derretesse na manteiga pastosa de sua boca. Com o tempo, duvidava de suas lembranças e não sabia se algum dia teria chupado o pau do padre velho de cabelos brancos, engolindo lento o abacate com um pouco mais de limão. O abacate não preenchia seu estômago, não saciava aquela perseguição em sua boca, aquele frêmito gelado percorria seu pau vazio, como se saltasse no escuro. Demorava a encontrar os pés batendo contra algo sólido. Não acontecia o contato. Saltava no escuro e voava pelas asas do anjo negro, que o levava sobre as savanas da África, selvagemente pura antes de os religiosos europeus aportarem, apenas vegetação e animais em paz. Temia que Peter e ele fossem uma coisa só, mas, no sentimento, reconhecia que aconteceu uma única coisa... Ele se via acordado, arrancando o pau e o saco do velho padre de cabelos brancos a dentadas. Olhava-se no espelho e confundia-se com um canibal. Mastigava forte e violento com os dentes travados, rangendo uns contra outros, depois cuspia, cuspia, cuspia... Até sair o cheiro do velho padre de cabelos brancos. Delirava o delírio que somente os abusados e violentados conseguem delirar. Nunca se libertou da violência submetida, do silêncio imposto por todos que habitavam o mesmo convento. Silenciar é o mesmo que produzir tortura, pois permite que os sonhos acordados se misturem aos pesadelos, até produzirem dúvidas se alguma vez aconteceu o ocorrido.

CAPÍTULO 22

Ela prefere ser loba faminta a um cão na coleira

SMS

Babilônia,

Terminei a reunião.

Isso é uma mentira, elas nunca terminam.

Continuo com aquelas maldições que somente as reuniões conseguem transmitir.

Acredito no número de Robin Dunbar: 150.

Mais que isso, somente amigos do Facebook ou mentira, mentira, mentira...

Sociedade da solidão circundada por infinidades de amigos invisíveis.

Estamos no pré-primário das interconectividades, da aproximação de uns com outros.

Existe uma única possibilidade de isso florescer e é a aceitação da cultura integral do outro.

Aceitação como sinônimo de respeitar a fé do outro, o direito de o outro crer, comer, viver da maneira como vive.

A recíproca acontecerá.

A *net* então acontecerá.

É o maior desafio que a humanidade tem diante de si mesma.

Até então, o ódio, o menosprezo e similares conduziam os povos.

Hoje, teremos que depositar em nossas mentes e ações o amor ao outro.

Será que conseguiremos vencer esse desafio?

Amigos? Assim serão feitas as aproximações e, no tempo correto, a amizade.

Marte

Baruch da Silva caminhava madrugada adentro. Havia terminado a exaustiva reunião do Monastério, estava cansado; a causa: a monotonia da hipocrisia política. Caminhava até seu pequeno apartamento, ansiando por uma ducha quente, ligar para Andréa, relaxar, comer caldo de galinha no Gigetto, tomar um rabo-de-galo, e dormir. Necessitava sonhar, reconstruir partes perdidas de sua *psique*. Assim pensava andando pela Rua São Bento, quando sentiu um cano em suas costas.

– Continue andando sem olhar para trás. Se correr, morre! Qualquer gesto, morre! Caminhe na mesma passada!

Logo em seguida, outros dois caras surgiram pela frente e o revistaram. Apanharam a maleta que levava e continuaram a andar calmos ao seu lado, de tempos em tempos recebendo um cutucão do cano. Qual seria a arma? Que pergunta idiota que fizera a si mesmo, pronto para morrer e se pergunta qual o tipo de arma! Estupefato frente à insensatez do morrer. Surgiu um automóvel, abriram as portas, sentaram-se no banco traseiro – ele entre os dois homens tranquilos. Incomodava-o a tranquilidade profissional, sentia em cada lado de seu corpo dois canos que o cutucavam.

– Tente qualquer coisa e morrerá!

Seguiram sob a direção do chofer, que dirigia sossegado, cabeça da nuca plana sem curvatura (sinal nada promissor), frio, delicado, nariz apontado para o chão, sem nenhuma alteração adrenalínica. Observava, com sobrancelhas grossas pelo retrovisor, olhar indefinido, cumpria a sua função. Quantas vezes esse motorista da morte fizera isso? A seu lado, havia um homem de mais idade, que mantinha o olhar plácido para a frente, cabeça arredondada, calva, cabelos brancos laterais, um típico calvo do mediterrâneo, que apanhou um cigarro da caixinha *My Ladies Cigarettes* – na tampa, uma mulher do início do século, mista de criança sem espaço, busto revelado em sutilezas. Ofereceu-me um cigarro, aceitei. Baruch havia parado de fumar há décadas, mas, naquele momento, o desejo retornou reconhecível... O que não produzia a morte quando se avizinha! Fumou fundo, abriram o cinzeiro da frente, onde ele balançava as cinzas. Abriram uma pequena parte da janela, o ar frio da noite acontecia misturado com a nuvem de fumo. O rádio tocava tango. Sincronicidade, diria sua amiga junguiana. Era o mesmo tango preferido do Bispo desde que o conhecera.

Recordava, sem saber o porquê. O Bispo estudou profundamente as questões do La Comparsita, e, quantas vezes, caminhando e lendo o Santo Evangelho pelas coberturas do seminário, ouvia entre dentes o embalar dessa canção. Até hoje, lembrava-se, pois fizera parte de sua formação. Mantinha em seu dormitório dois discos que se alternavam, um de Tito Schipa e outro de Carlos Gardel. E, sem perceber, Baruch assume o duplo do Bispo e, sacolejando no banco de trás em direção ao desconhecido, Baruch cantarolava:

Los amigos ya no vienen/ni siquiera a visitarme nadie quiere consolarme/ en mi aflicción./Desde el día que te fuiste/siento angustias en mi pecho/ decí percanta ¿qué has hecho de mi pobre corazón?

– Ah! *Hijo* de puta! Como sabes cantar um belo tango?

Baruch, retornando dessa viagem fugidia ao outro mundo que não aquele, e seu duplo em Bispo responde:

– Aprendi desde a infância.

– Tua mãe era puta? – Risos.

– Não, não era... Faleceu quando eu tinha 2 anos de idade, não era puta!

– É o que você imagina. Putinha... putinha. Tua mamãe era putinha!

Os ataques são sempre dirigidos à moral sexual. *Veado, puta, galinha, puta que te pariu, filho da puta! Corno! Broxa!* Repetição pré-conceitual sobre os orifícios divinos, assim cumpridos pela ética religiosa. Tudo que é sexual não pode e não deve. Apenas procriar. O carro passava por uma longa avenida, os *leds* anunciavam coloridos quartos de todos os tipos e preços, camas, almoço executivo, massagem, motéis, fábrica de não virgens, filmes pornôs... As filas intermináveis de casais à espera de uma cama e sauna musicam prazeres. Gemidos. Ao lado dos serviços sexuais, a igreja evangélica clamava o fim do mundo. Nos motéis, exercia-se a origem do mundo sem fim. Os seminários de portas e janelas fechadas, escuros, guardavam segredos mundanos.

O automóvel deslizava em alguma direção, acompanhado pelo silêncio gerado entre a mentira possível e o maltrato desnecessário, mas a polícia também trabalha assim. Seu instrumento de profissão é humilhar, atemorizar, fazer cagar nas calças, depois recolher o que for possível, daí o caso é da justiça. Justiça? O carro caminhava longe do centro, circulou pelas marginais, rodou, rodou, adentrou por quebradas até os matos surgirem. Imaginava-me presunto jogado à beira da estradinha de terra mal batida... Já não ouvia o canto dos sapos. Será que picada de formiga em cadáver dói?

Acompanhava meus últimos momentos repassando o que interessava desse mundo difícil. Recordava os estudos de Nise da Silveira e a marca de uma frase criada sobre ela, *"Ela prefere ser loba faminta a um cão na coleira"*. Eu também, mas não tinha a coragem dela. Quem dera possuir um décimo do caráter da psiquiatra que afirmava que aprendera mais com os animais do que com os psiquiatras. Verdade!

E ele, Baruch da Silva, o que aprendera com o poder clerical? Distanciar-se de Deus. E dos psiquiatras o que aprendera? Distanciar-se dos psicóticos. Freud médico, neurologista e psicanalista detestava psicóticos. O ser religioso de Baruch estava comprometido com outros caminhos de busca, poder, empáfia e desejos. A fé distante de um menino que se perdera no deslumbre do poder. Ainda bem que existiam pessoas como Nise, que não se permitiram entregar-se ao *reality show* que nada exibe de realidade, apenas *show*. Capa da revista estampando os Médicos do Ano! Como reagiria Hipócrates ao *marketing*?

O carro parou ao lado do matagal. Murmurações interrompidas. Baruch instintivamente começou a rezar, encomendar sua alma ao Pai, visitaria finalmente ao Pai do Céu. Tinha série de coisas que lhe desejava falar. Recomendou proteção a sua gatinha Pitxukita, com quem aprendera tudo sobre Deus. Pitxukita aproximou-o do divino e distanciou-o dos aprendizados que realizara com pastores de dólares, padres sexualizados, teólogos analfabetos, que se transformaram em autores de ajuda própria, autoajuda, e apenas serviram para que esses camelôs da angústia ganhassem muito dinheiro. As religiões clamavam aos súditos do seu rei Deus que clamassem por saúde e dinheiro.

Os gatos ensinaram a espera, o desfrute do raio de sol, o aproveitar do próprio corpo, o alisar os pelos com a língua... Erotizam-se desculpados, em um *ron-ron-ron* satisfeito, o pulo do gato soberbo e próprio, o aquecer no colo amigo, o meditar a mais sábia das meditações sem rezas ou incensos intermediários, contatar o absurdo da existência, o impensado criador, sem necessitar de intermediários, padre ou pastores ou qualquer outro instituído, igrejas, sinagogas ou mesquitas, sendo simplesmente um gato. Qualquer dia, o envelhecimento se anuncia, e o gato procura aquele canto escolhido que possibilite o contato com outro segredo; a morte deixará de ser dúvida durante o morrer. Gatos são heraclitianos, "Não se apavore da morte, quando ela surgir você não estará lá".

De repente, ouvi um tiro!

Senti-me morto, o zumbido contínuo do susto, a retirada do silêncio. No início, via os rostos dos sequestradores rindo... Riam a não mais poder. Do que riam? De mais um ser humano com medo do morrer? Provavelmente, seria simples classificá-los segundo o CID-10 como F22, transtornados delirantes persistentes. Mas isso seria reduzir em demasia a comple-

167

xidade da gargalhada diante de um homem ajoelhado, algemado, no escuro, pronto para morrer, e disparam uma bala falsa... Riam do quê, riam de quem? Riam. Riam do próprio pavor em relação à morte. O duplo dos policiais são os presos como eu. Veem-se em mim. Seria eu o duplo ou o outro. Como diria meu bruxo argentino, *"ambos los dos!"*.

– Baruch da Silva, nome pretensioso...

– Meu pai admirava Baruch Spinoza. Nise da Silveira amava Spinoza. Com ela, aprendi a lê-lo e amá-lo. Nise escreveu um belíssimo trabalho sobre sua particular relação com Spinoza.

– Meu nome é Onofre... Delegado Onofre. Temos graves acusações contra você: espião, padre, cafetão de mulheres ricas casadas, especialista em teologia, cursou em primeiro lugar o seminário, frequentador assíduo de academias de ginástica, triatleta, bonitão, bissexual e, atualmente, envolvido e explorando a senhora Andréa, filha do ministro, Conselheiro Mor do Bispo, Diretor do centro de Altos Estudos da Igreja, consultor da Reunião para assuntos Eclesiásticos Maiores... Uma figura enciclopédica, enigmática, atraente e temerária. E, você, padre falso, cafetão, bissexual! Para casos assim, uma bala na testa resolve, o que acha?

– Acho que doutor Onofre se parece mais comigo do que suspeita.

– Pode ser que em alguns aspectos esteja certo, mas minha direção é clara, objetiva, determinada para a resolução de conflitos. E a sua?

– Tenho uma determinação maior, que já não me pertence. Encontro-me nas pegadas dos achados de seu avô, o saudoso Mestre Salpetrière, com quem tive aulas, conversas e trilhava o labirinto por ele seguido há décadas.

– Qual labirinto?

– O senhor deve saber...

– Qual caminho?

– Seu avô em genialidade, pesquisa e fé buscava as origens das palavras. Foi se acercando dos primórdios, ultrapassou a barreira dos linguistas; os sons guturais dos homens das cavernas grunhiam sílabas que decifraram significados, e somente ele o sabia. Seu avô estruturou a verdadeira pedra de Champollion, gramatizou os ruídos dos homens das cavernas. A partir dessa gênese adônica, equacionou fórmulas matemáticas na busca dessa essência, e foi se assustando com o que descobria. Sua logística palavreológica era genial, combinava o abstrato da matemática com os achados guturais. Deus brincava no caminho labiríntico permitido, e seu avô se aproximava, aproximava e, como homem sábio, temeu pela humanidade. Fugiu dos centros universitários, levando consigo os achados. Sua bíblia era a bússola do encontro divino. Fugiu, pois conhecia a arrogância dos professores titulares infalíveis políticos do poder. Por que não queria o contato dos titulares? Porque se acreditavam titulares, insubstituíveis, daí para a megalomania e a paranoia um átimo! Não me canso de revê-lo em sua visão de um mundo poético místico, sua origem pobre nunca negada, sua mãe analfabeta e boa; homem estudioso, sanguíneo, acompanhado por uma sensual delicadeza. Era ousado, procurava sem medo ou pudor a razão da existência e desejava entrar em contato íntimo com Deus. Foi favorecido pelo divino, portando uma inteligência privilegiada. Seu avô era um mestre a ser perseguido, encontrado, revelado, divulgado e assassinado.

Delegado Onofre, enquanto ouvia, abriu as algemas. Baruch esfregou os punhos doloridos. Agachou-se ao seu lado, os outros tiras afastavam-se da conversa ininteligível. Eles encontravam-se ali somente para cumprir um trabalho de matar ou morrer, então guardaram suas armas e encostaram-se à porta do carro fumando, observando os ruídos que Onofre e Baruch produziam.

A noite de meia lua distante provocava lucidez suficiente para os corpos se mostrarem sombras, criando mulas-sem-cabeça e outros deuses-demônios da espécie humana. Acendiam cigarro após cigarro, vagalumes. Os grilos pediam procriação; os mosquitos não estavam em horários de sangue; os pássaros calados; o piar das corujas anunciava algum camundongo para o ninho. A necessidade de procriar como mandamento necessário, mesmo que não desejado.

Baruch sentia a mesma sensação do astronauta Sputnik, viajando em uma bolinha de aço, girando, girando, girando, e dizendo a Terra é azul, que desceu como bala e não viu Deus. Baruch descia do medo de não saber o que aconteceria. Tinha medo das boas maneiras do delegado Onofre, um cara diferente, face de policial e cabeça de sociólogo – combinação deletéria. Todavia, a situação estava com dedos contados, uma dor de cabeça surgia na base da nuca, pensava ter se preparado para o entendimento da vida pós-morte, mas como seria falecido? Seria o duplo a morte? Sentia o outro em morte.

Imaginava-se cadáver rijo de boca voltada para baixo, igual à de sua falecida mãe, que manteve o rosto de quem não queria ter morrido nunca. A velha adorava a vida e não pôde vivê-la. Teve incompetência e situações reais que a impediram, vivia entre o desejo de puta e a ambição de santa, personagem clássico judaico-cristão. A freira que habitava seu corpo vigiava-a desde a sua alma. Mamãe optou por morrer de câncer, que tivera um nascimento trágico no clitóris, e de lá para cá a invadiu, corroeu e levaram décadas de lutas e sofrimentos; os médicos e as cirurgias substituíram o prazer pretendido. O orgasmo cristão disfarçado nos exames de toques múltiplos não produziam êxtase, e a morte não calou a dúvida, não atingiu o santo orgasmo, muito menos amantes, lástima das católicas filhas de Joanas de Deus, o único prazer era a morfina injetada. Ela em leito de morte entre risos escárnicos gritava: "A boceta da mãe! A boceta da mãe!".

O filho dessa confusão, para não enlouquecer de vez, transformou-se em religioso. Considerava-se um padre de verdade, que duvidava de Deus, seguia as regras com mentiras, não era pedófilo, nem fazia cara de santo de igreja. Não juntava as mãozinhas, muito menos anasalava as palavras, não mentia aos desejos e, quando aparecia uma mulher querendo foder, sentia o tesão bendito, e enfiava o membro no caminho natural do amor. Ah, como gostava de enrabar as carentes dos casamentos católicos capitalistas bem--sucedidos. Orai por nós, benditas putas vespertinas, que correm ao bidê para lavar a porra desejada e, à noite, com frugal trepadinha vegetariana, depois, assistiam ao filme dublado na Globo. Quando a polícia chegará? E o *The End*?

– Em que pensa, padre? – perguntou Onofre.

– Você não acreditaria... Estava pensando na falecida mãe e em como foi difícil para ela aceitar a morte...

– É fácil para alguém?

– Foi dificílimo... Havia sido uma mulher bonita, inteligente, cheia de energia, amarrada ao catolicismo até as trompas. A igreja como ponto de referência de vida e amizades, as reuniões sem fim, o dinheirinho ao padre, a vontade de viver fora da gaiola, a impossibilidade de voo, o desprazer, a necessidade da família, a melancolia contínua de uma vida vivida sem alegria, a boca que não saciava o irmãozinho deixado de lado, a irmã que não se transformou em esposa, a filha que não virou mãe... Casamento infeliz com meu pai, sacerdote medieval camponês, dessa combinação saiu essa figura medonha, meio padre meio fodedor. Por que fodo com casadas? Elementar, meu caro Watson... Elementar! Tento aliviar o sacrifício da mamãe. Basta! Sei o duplo da castração do que é capaz! Produz insanos como eu, ou como você.

– Seu raciocínio é rápido, sagaz, inteligente e dissimulado, tudo muito articulado. Quase sinto peninha de você, que teve uma mamãe frustrada e um papai babaca, mas voltemos ao ponto que nos interessa nessa conversa de quase morto e eu. Que porra você deseja de Andréa? Meu caríssimo projeto de Pedro Juan Gutiérrez?

– Trilogia suja de Havana! Baita livro, um verdadeiro evangelho da América Latina, das negras tesudas, mulatas desejosas, mulheres pedindo mais e mais sem fim. Tenho uma foto de Pedro na parede do banheiro... Não, não sou *viado*, é um ícone da minha Cuba, que não tem nada a ver com o imperador Fidel e irmãozinho Raul, nada a ver! Prefiro a Cuba de Pedro, suja, pobre, fétida, sem rum, sem bússola, faminta. Puta da América Latrina. Latrina. Somos todos latrinos-americanos!

– Sexo é cheiro, líquido, suor, bactérias, saliva, merda, beijo, grito, tapa, exaustão e mais, muito mais amor. Cada qual com seu tigre, três dias, três noites sem fim, até deitar-se languido solto em cada músculo sobre a pedra... Embaixo fatigada a fêmea rosna o descanso, relaxamento humano desigual.

Os tiras ouviam com caras de estranheza o diálogo daquele jeito, mas conheciam Onofre, sabiam que o delegado caminhava torto para encurtar o caminho, dava trela, dava espaço, dava assunto, até o carinha começar a se entregar... Sempre acontecia. Era uma pesca de truta complicada, de entrega de linha e recolhimento lento, às vezes um puxão fora do compasso e a linha rompia-se, deixando no ar o silêncio das águas. Não havia mais luta, muito menos esforço, apenas uma suave vontade de esvair-se em algum outro espaço.

– Seu avô, delegado Onofre, não nutria esperanças para a humanidade. Sabia que o fim seria distante da apoteose da Marquês de Sapucaí.

Os risos se fizeram. Os tiras em suas barrigas gorduchas aproveitaram.

– Seu avô entendia que deveria buscar as origens do mal ou a confusão que se estabeleceu na espécie humana. Da produção de signos, da construção biográfica das palavras, das fabricações das línguas, seu alocamento na alma, sua conjugação criando o caráter. Onofre mantinha-se atento ao velho jovem Baruch, talvez o nome que ele recebera não fora ao acaso; talvez, o rótulo de comedor de mulheres casadas fosse a fabricação de um desvio imaginativo ou álibi. No outro, tudo é possível. Já no duplo, nem sempre.

O silêncio estabeleceu-se por alguns minutos naquele campo de extermínio. Mas por que não o matavam e tudo estaria em ordem? O que esperavam? Uma determinação do delegado Onofre? Os dois acompanhantes eram apenas carrascos sem nomes. Esperaram o tempo que passou. Onofre, saindo do silêncio:

– Baruch, fale mais de meu avô Salpetrière.

– Ele tinha a irreverência da inteligência, jamais melancólico, nunca se considerando esquecido ou abandonado, nunca ouvi de seus lábios frases de necessidade de reconhecimento e não esquecimento. Conhecia a alma humana como poucos, sabia da crueldade, inveja e outros atributos qualificativos do homem e da mulher. Uma vez, eu perguntei o porquê da descrença do homem. Ele, sentado atrás de sua enorme mesa de leitura, olhou-me por sob as lentes e sua voz inesquecível disse: "Tenha certeza de que não foi para homenagear os últimos instantes da Princesa Diana".

Os risos impossíveis de serem contidos... Até os carrascos riam!

– E eu perguntei novamente: por que Salpetrière? E seu avô me respondeu: "Não lhe esbofeteio em sua face, pois respeito a impulsividade da juventude, da arrogância a que isso produz, da curiosidade que sempre acompanha a falta de educação de não adentrar a intimidade quando não convidado. Em nome de sua natural estupidez, explico que a palavra *Salpetrière* significa salitre, um dos ingredientes da pólvora; depois, esse edifício que, inicialmente, servia para a fabricação de pólvora, passou a ser uma prisão para putas e loucas. Quando a revolução francesa chegou e a horda humana libertou as putas e matou as loucas, Salpetrière transformou-se em um hospital feminino para loucas, e lá Charcot desvendou, por meio da hipnose, as aproximações com o não consciente. Freud foi um dos seus alunos, que aproveitou sua estadia em Paris. Elegi Salpetrière, pois me sinto mistura de pólvora, loucura, revolução".

– Esse era meu avô... Estudioso do filósofo Vilém Flusser, meu avô dizia que o próximo século o nomearia como um dos grandes filósofos da humanidade. Meu avô muitas vezes se dizia flusseriano na ponta do calcanhar! Ele me dizia que havia alicerçado seu Deus como uma mistura de *designer* e *design*, ora como criador, ora como criado. São espelhos que se espelham. A busca do verbo inicial é a busca de uma imagem refletida no espelho. Essa é a linguagem, o espelho é o veículo comum entre criador e criatura, a imagem recriada continuamente sem lógica, tempo ou espaço.

– Ora como fabricante, ora como fabricado. Fábrica no significado de produção de informação. No início era o verbo, depois o texto difundido como palavra de Deus. Lido, relido, lido e interpretado em séculos dos séculos. Salpetrière não se importava com a interpretação do texto em si, qual fosse a interpretação, já deveria estar difundida e divulgada, afinal se passou mais de milênio nessa arte interpretativa e não havia nenhuma possibilidade de criar um *design* diverso ou diferente. O que mantinha a palavra ditada por um ou outro *design* construído individualmente eram as lideranças dos pastores, que conduziam seu rebanho em punho de aço e moral ilibada, mesmo que contraditório na intimidade do cotidiano. A figura do pastor da qual Salpetrière mais se mantinha distante era a dos fabricados, como o capitão Bildad, que além de ser dono majoritário do Pequod, a baleeira comandada pelo terrível austero capitão Ahab, nome dado pela sua viúva mãe louca, que resolveu morrer quando o seu filho tinha apenas 12 meses.

– Parafraseando *Moby Dick*, aonde você quer chegar?

– Na essência do verdadeiro pastor Quaker Bildad, que, em sua ausência absoluta de prazer, conduzia seu rebanho de marinheiros ao extremo da não vida. Isso era concretamente presenciado quando o seu navio aportava e todos os marinheiros necessitavam de tratamento médico urgente; a doença produzida pela privação da alegria, o excesso de trabalho, a distância do sorriso ou volúpia qualquer. Salpetrière encontrava-se a léguas de distância disso e o sabia, concomitante exercia o ócio com alegria e criatividade na busca de Deus.

– Baruch, entre no carro! Vamos levá-lo até seu apartamento.

173

CAPÍTULO 23

Penso que compreendo o duplo

– Assis, eu penso que compreendo o duplo. Entendo que você prefira Baruch do que a mim. Tenho olhos e crítica, sou velho, os músculos já não respondem como outrora, e você é jovem e necessita de um parceiro também jovem. É assim que é constituído o ciclo da vida. Lastimo não por não me desejar, mas a velhice rápida se aproximando produz asco aos jovens. Asco porque temem um dia serem o mesmo objeto de medo. Quando abri os olhos, o cemitério estava dentro de mim. O divino tempo, que é Deus, passou, ou foi eu quem não provocou a atenção necessária? Ambos. O divino encontra-se na rapidez do tempo que se parece demorado e, quando se atinge alguma maturidade, voa mais acolá do afora. Poucos têm a possibilidade de acompanhar os limites temporais da existência... Eu não tive.

– O que vivi?

– Briguei, lutei, estudei, perdi horas terríveis de reuniões que não levaram a nada, o mundo todo criado pelo meu delírio circunscrito ao narcisismo. Natureza humana possuidora de um único algoz, o Narcisismo. Não conseguia enxergar-me em felicidade, saúde e juventude. Por que me enrosquei nesse delírio que os incautos denominam aventura? Delírio. Porque era jovem, demasiadamente jovem como são todos os jovens. Presunçosos, arrogantes, senhores da verdade e lindos. Tinha músculos, mulheres, estômago e alguma parte do cérebro que me dirigia para a ambição. Sim, eu desejava conseguir aquilo que os outros indicavam como projeto de realização, de vencedor. Quem determina o que é vencedor? Vencedor do quê ou de quem? Quando cruzei a linha de chegada, percebi que correra como um cavalo doido tentando atingir primeiro a linha de chegada. Para quê? Para quem? Com certeza, a menor parte era para mim mesmo. Vivia louco para os outros. Os outros projetavam a corrida e a vitória. Eles ganhavam e eu enlouquecia obediente, sem diferença nenhuma para qualquer pangaré.

175

– Transformar-me em Rei Midas. Tudo o que toquei virou ouro, até o pão que tento comer virou ouro. Continuo frequentando reuniões desnecessárias, abandonado em meus próprios pensamentos, olhando com repugnância o tempo perdido. Ah, mestre Proust, se tivesse te compreendido naqueles tempos... Mas era impossível. Nem o conseguia ler e, se li, o fiz com os olhos musculosos. Hoje, tento reviver uma paixão com você, Andréa, mas, quando olho sua pele reluzente, sua boca plena de vida, sua língua molhada, vejo-me defendendo causas desnecessárias. Quase me tornei um monge distante da vida... Ou será que me tornei? Vivo em duplo. Os amigos caleidoscópicos passaram como torrente de enxurrada de chuva, misturados aos jornais de ontem, aos pedaços de crianças afogadas, aos móveis pagos em inúmeras vezes, para alegria de um comerciante que logrou o lucro, logrou! Para quê? Olhe para a vida do rico e verá quem o acompanha. Olhe para os amigos dos herdeiros.

– Ah! Os amigos dos herdeiros! Eu também sofro disso. Eu não fui herdeiro idiota, desse risco não me corroí, pois era pobre, muito pobre da periferia de além. Lutei para ser amado pelos padres, era a única corda no oceano que me circundava de insensatez e falsidades. As meninas sempre quiseram os garotos herdeiros de carros, pais ricos... Garantiam a existência a todo custo ou prova.

– Namoradas?

– Eu tive poucas namoradas, apenas aquelas que suportavam por não terem outra oportunidade de sair, e arriscavam com um pé rapado como eu. Ganhei dinheiro, trabalhei nas finanças religiosas, e você já sabe como é. Fiquei rico, e as mulheres começaram a se aproximar como que por milagre. Milagre! Tilintando de mel e abelhinhas sem calcinhas, surgindo dos desertos. Todas queriam lembranças, empréstimos, roupas, bolsas e viagens em troca de uma metida falsa. "Você gozou, *benhê*?", foi frase que mais ouvi.

– Homossexualismo?

– Até as bichas começaram a me assediar, então experimentei. Gostei de homens e mulheres... Raramente fiquei solitário. Somente a solidão de mim mesmo. O gozo difere no movimento ridículo, mas o prazer é o mesmo, seja um cacete na minha boca ou uma boceta envolvendo meu pau. O mesmo. A minha língua saboreava acidezes distintas, movia-se do mesmo

176

jeito, fosse do jorro dele ou dela. A língua era minha serpentiana, procurava a alma nas entranhas das carnes. Não achei a alma e muito menos a carne. Achei a mim mesmo sôfrego, pedinte, carente de amor, e só.

– Como sobrevivi?

– Até hoje, ando com essa lâmina de barbear dependurada em meu pescoço. Não é para partir a coca, é para não me fazer esquecer do que me tornei. Busquei a riqueza, encontrei-a, mas não consegui me desvencilhar do que veio junto, mesmo que se lave à noite, bezunte-se de vapores do álcool, rezas de joelhos, dúvidas da fé, amores em carne contida e revolta. Ah, eu não criei o orgasmo, nem a necessidade de tê-lo. Andréa, você estirada nesse sofá me ouvindo com o dedinho na boca, meu Deus, quem pode resistir? Mas nunca violei ninguém, sempre entrei na porta quando abriram. Mais que uma regra, uma ética de respeito ao próximo. Sempre respeitei catolicamente o outro. O problema era o duplo. Mas somos assim duplicados, distintamente dobrados em si mesmos.

– Vamos tomar um café?

CAPÍTULO 24

Por que Lisboa?

Lisboa melancólica e aprazível, mas por que Andréa teimara em conversar em Lisboa? Eu teria preferido Granada. Lisboa, velha senhora beijada pelo Estuário do Tejo, sangrando histórias do fado que não emudecem jamais, das alamedas falsas de andares cansados, das ruelas que bailam ao redor dos conventos, Pessoa e pessoas mesclados na mesma Tabacaria à procura do tempo, a orquestra silenciosa acompanha os passos. Pessoa inventou o duplo. Lobo Antunes criou o outro.

A câmera de opiniões fotografava rápida e incessante questões em fins. Baruch embarcou junto com Andréa na classe executiva, mas não se falaram, quase nada se olharam, dormiram, leram e, de tempos em tempos, tocaram as mãos por sob a coberta sensual. Ela, de fone de ouvidos, ouvia os clássicos; ele de olhar fixo em um texto que já lera algumas vezes *Trem noturno para Lisboa*. Talvez acontecesse com Baruch o mesmo que sucedera ao autor da história, que persegue seu duplo, e se emaranhava nos personagens em busca de um suicida que teimava em viver dentro dele. Baruch sentia--se sobre a ponte, olhando para as águas do Estuário de um azul escuro que contava as histórias dos navegadores que foram e, até hoje, continuam violentando águas que não se conformam em obedecer ao timoneiro; aos lisboetas, não havia limites, apenas um horizonte que sempre se deslocava para mais adiante sem fim.

– O senhor aceita almoço?

– Não, obrigado, apenas um copo de água mineral.

– E a senhora aceita almoço?

– Não, obrigada, apenas água mineral.

O voo seguia monótono sob o ronco surdo do jato, as manequins aero-moças para lá e para cá, autômatos em pânico, viciadas em Rivotril® sublingual. Anunciam-se o tempo, a hora e os preparativos para a aterrissagem. Há um movimento de corpos sentados distintos, uma excitação da particular

179

história de cada qual, os destinos nunca os mesmos, independentemente de o geográfico aparente ser o mesmo. Baruch e Andréa dois olhinhos teimando em encontrarem-se lá embaixo, onde Lisboa os aguardava escondida na alma de cada um, pois nenhum brasileiro escapa de ser português. Baruch envolvia-se em uma trama escolhida de desprazer e infortúnio, a bela Andréa participava desse mesmo complô, os projetos nem sempre escolhidos, as decisões muito menos eleitas. O avião manobrava como um bonde no ar, o peso da carlinga sacudia um pouco, as feições dos passageiros mudavam, alguns rezavam, outros faziam o sinal da cruz; morrer ninguém desejava, apesar de viverem voando. Duplas contradições humanas. Baruch, enquanto o avião há alguns minutos tentava colocar-se em prumo com a pista e percebiam-se os sons dos jatos modificados, começou a rezar, pois se considerava patife e medroso, cada vez se reconhecia mais fóbico, introverso, tímido e, até mesmo, quase paranoico. A batida forte das patas na pista, o ensurdecedor som da retroversão do ar, os copos jogados para lá e para cá como garrafinhas de boliche em um *strike*, o aviso aos desesperados de espaço, "não desapertem os cintos, esperem as turbinas silenciarem"; os mais angustiados levantando-se e abrindo o compartimento de bagagens, que se colocava sobre as cabeças.

"Sentem-se, por favor, sem medo. Cuidado para não esmagarem o crânio do passageiro abaixo, porra...", pensava Baruch. Silêncio. Era esperar a portinhola se abrir e ejetarem-se para outro mundo esperado nunca alcançado. Andréa caminhava pelo corredor do avião, vestia calça branca, blusinha azul e um danado suéter amarrado na cintura, uma adulta adolescente desbravadora. Baruch sentiu o pau inchando de vontade. Caminharam em direção à escada, desceram, o sol batia gostoso de fim de tarde. Baruch reconhecia cada cidade por seu particular aroma, respirou fundo; sabia-se na terra de Fernando Pessoa. Será que o encontraria? Pelo menos um dos duplos começou a rir de si mesmo. Andréa, em óculos Cardinale, olhou e sorriu pela primeira vez.

SMS

Babilônia,

Quem é você?

Marte

SMS

Marte,

Aqui em Lisboa, você tem o direito de saber de mim.

Falamos mais íntimos com SMS.

Quem digita?

Quem nos fala?

Mas tem direito de saber de mim.

Primeiro, um caldo da minha base familiar. Serei breve.

Você é inteligente o suficiente para não acreditar em Hollywood.

Meu pai era vendedor de pastéis na feira.

Não, não é chinês.

Aprendeu a arte com um velho chinês, que o fez de escravo durante longos
anos. Passou a infância e a adolescência fritando pastéis nas feiras.

O chinês, ao morrer, suicidou-se aos 89 anos de idade, ingerindo farpas de
bambu, até a hemorragia final (papai dizia que morreu feliz), legou a meu pai
a banca e os segredos da pastelaria.

Os filhos do chinês, que eram legião, não se incomodaram, pois todos eram
médicos. Todos especialistas em medicina chinesa.

Meu pai fez outros escravos de escravos e dedicou-se às boas maneiras.

Comprou bons ternos, sapatos, camisas, gravatas... Fazia as mãos, tinha um bom
cabeleireiro e maquiador. Concomitantemente professor de boas maneiras.
Etiquetas, como falava. Depois, um professor de português, para corrigir o
maldito dialeto que falava.

Aproximou-se do dono do pó do pedaço e candidatou-se a vereador. Passaram-
se muitos anos. Ele distante de casa.

Minha mãe, a depressiva simplória brasilidade. Cardecista. Católica devota de
São Judas Tadeu. Morreu jovem, de causas desconhecidas. Apareceu morta
na cozinha de casa. Adorava os bambus chineses que papai fazia.

Enterro rápido. Eu não me encontrava em casa. Na época, morávamos um
pouco ao fundo do lado do Cu de qualquer lado.

Era horror. Banheiro nos fundos. Sem descarga. Pá de cal. Sapo no cantinho enquanto mijava. Miséria brava. Meu pai tentando a vida.

Mãe morta.

Fui tentar a vida como outras milhares de moças sem sorte como eu.

Virei garota de programa.

Não, não fiquei faturando nos arredores de onde nasci.

Fui a São Paulo, terra de homens gordos, carecas e ricos. Muito ricos. Tentei a sorte.

Era bonita, inteligente, gostosa e sabia fingir.

Fui "Oscar das putas". Assim as colegas me chamavam. Oscar Negra.

Cobrava caro. Era jovem. Sempre tive carne dura. Puxei meu pai, que também é carne dura.

Ele não sabia de mim. Estava tentando fazer a vida, a putaria dele. Conseguiu ser deputado federal por um daqueles territórios brasileiros. Morava em Brasília.

Descobriu onde eu morava em São Paulo e começou a enviar dinheiro. Enviava dólar. Os valores variavam. Começou com mil e teve mês que enviou milhares. Pedia que trocasse ou vendesse.

Falávamo-nos por WhatsApp. Era de graça. Não nos víamos.

Disse que fazia faculdade, o que era verdade.

Mesmo com o dinheiro chegando, não conseguia ficar sem variedade de homens. Sempre adorei homens de pau grosso. Preenche. Faz a diferença. Por isso, ainda, continuo com você, Marte.

Meu papai foi ascendendo em sua carreira política. Casou-se com as verdadeiras putas loucas. Mulheres do *jet*. Putas que queriam unicamente o dinheiro dele.

Mas meu pai, órfão de tudo, nunca pôde enxergar o ataque das bandidas.

Bandidas.

Não eram prostitutas respeitosas.

Eu sou uma prostituta respeitosa. Não roubei. Dava o que queria. Cobrava muito caro. Eles saíam contentes e voltavam. Ganhei muito.

Sim, peguei doenças. Quando se caminha sob a garoa, molha-se.

Fui fazer análise com um psicanalista brilhante. Italiano. Anarquista. Louco. Lucidamente louco. Inteligentíssimo. Culto. Charmoso.

Não, meu psicanalista nunca me seduziu. Aliás tinha horror que o chamassem de psicanalista.

Era médico. Intitulava-se veterinário pediatra. Informava que sofríamos da natureza humana com uma particularidade: éramos demasiadamente infantis.

Brilhante!

Se me apaixonei por ele? Bota paixão! Mais um pouco.

Afinal, a paixão terapêutica é um degrau no tratamento do louco. Como entregar a história de sua vida escondida a qualquer um. Apenas em nome da paixão. Paixão louca, aliás como toda paixão!

Paixão necessária e degrau difícil a qualquer terapeuta. O risco é o terapeuta acreditar-se objeto da paixão. Enlouquecer e apaixonar-se.

O resultado é o mesmo de Romeu e Julieta mortos. A paixão termina em morte. A única chave possível que interrompe o delírio da paixão é a morte do duplo. Aí é possível o outro se salvar.

Sim, a paixão é um delírio.

Mas, querido Marte, voltemo-nos a mim mesma.

Uma putinha órfã de mãe morta (quem sabe assassinada?) e de um pai que é zumbi.

Zumbi? Sim, morto-vivo. Deslumbrado.

Até hoje, meu pai continua deslumbrado com o dinheiro e o poder.

Saiu de pato a ganso.

Não fez estágio entre marrecos e gorilas.

Está no oitavo casamento de uma outra *jet set*, que é o mesmo da primeira puta.

Um dia, papai ao telefone me informou que já havia gastado com suas esposas ao redor de duzentos milhões de dólares! "Mas não era meu!", e ria! Como ria.

Sinto asco. Nojo. Delas e dele.

Trepo com homens ricos, carecas, babacas, que não sabem foder. Todos têm ejaculação precoce, não dão conta do próprio prazer. Ah, e pinto fino...

Eu? Eu me divirto sadicamente.

Quando quero apressar o mais rápido que já vem deles, finjo estar excitada. Aí ou o cara broxa, ou broxa rapidinho. Ejaculação precoce é uma forma de brioche.

Brioche!

Poucos homens me bancaram pelo pau. Você já sabe, foi um dos raros.

A maioria tem o pau na boca, e na carteira. Pagam em dinheiro. Dólar. Mentem o nome. Têm medo da esposa.

De tanto me analisar e ser analista de cama, fui me convertendo naquilo que já era: psicanalista.

Fui compreendendo na vivência que a sexualidade infantil se encontra no aqui e no agora.

Os homens carregam seu menino assustado, distante da idade cronológica. E eu fui aprendendo com a prática.

Depois, me analisei com o italiano anarquista.

Depois, ao ler Freud, entendia nas carnes o que escrevia. Era releitura.

Sim, fiz uma faculdade medíocre no Brasil. Aliás, há faculdade no Brasil? Qual?

Fui, depois de formada (formada em quê?), para Paris. Encontrei os grandes, Barthes, Foucault, Lacan... Me apaixonei pelo saber.

Quanto ao sexo, continuei a mesma, porém com franceses e francesas.

Como os brasileiros são provincianos em tudo, principalmente em sexo. Aqui, se pratica sexo católico.

Lá aprendi a fazer sexo livre, sem culpa, sem nome, sem posse, sem territorialidade. Sexo.

Retornei ao Brasil.

Minhas colegas putas foram as primeiras pacientes. Várias seguiram o meu caminho e se tornaram psicanalistas.

Depois, os clientes me procuraram. Muitos. Tornaram-se meus analisantes. Sempre disseram que, além de bonita, gostosa e inteligente, eu era tão boa fora do divã quanto dentro.

Ao final do dia de trabalho, não todos os dias, visto outra personagem e atendo alguns poucos clientes variáveis. Sim, muito mais caro que as sessões de análise.

Depois, com o envelhecimento, ampliei em direção ao estudo da Filosofia. Não, nunca me interessei por Teologia. Criaria um conflito desnecessário entre razão e fé. Campos distintos.

Como você, também quero entender Deus.

Aí cruzamos nossos destinos.

Contudo, antes de falar sobre nossos destinos trepados, é necessário atualizar meu papai.

Hoje, seguindo a carreira política, foi presidente de todas as comissões e partidos. Ficou poderoso, bilionário, corrupto, canalha.

Hoje, é senador pelo outro território.

Continua a enviar dinheiro grosso. Melhorou o envio. Deposita mensalmente em uma conta em Paraíso Fiscal.

Tenho centenas de milhões e continuo puta!

Ele diz que não sabe. É um puto!

Virou ministro do Governo Esculacho.

Quando melhoraremos politicamente? Quando surgirem escolas e faculdades de verdade, como as de Paris.

Beijo,

Babilônia

SMS

Babilônia,

Sou produto da educação católica apostólica romana.

O criador disso? São Paulo. Jesus distante das instituições. Jesus nasceu e morreu judeu. Não foi cristão, muito menos católico.

Fui criado sob os mandamentos da instituição romana católica. Mais romana do que católica.

Cumprindo ordens. Acreditando na infalibilidade do nosso César, o Santo Papa.

Imagine uma criança doutrinada nos preceitos da infalibilidade do Santo Papa.

Assim, teve início o misto de fascínio e ódio à instituição religiosa. A qualquer instituição religiosa.

Tudo aquilo que Pio XII dissesse era a palavra do divino insurgindo de sua boca.

O santo Pio XII. O mesmo santo que se articulou com Hitler. Mas isso são histórias não contáveis aos crédulos.

Quando percebi isso, sucumbi frente ao Quartel Católico. Regido sob as ordens de outro santo, que queria ser Jesus, São Paulo.

Paulo falava em suas pregações como se fosse o filho eleito.

Promulgou tragédias contínuas, exerceu a diferença entre os sexos, legislou a perseguição aos homossexuais. São Paulo arrumou encrencas severas com o irmão de Jesus, Tadeu, com Pedro e Paulo. Foi a primeira divisão de poder da instituição que se modelaria sob o apreendido do império romano.

Fui mais uma vítima das mentiras católicas associadas à perversa sexualidade reprimida dos padres. Pobres e doentes homens que fingiam não desejarem sexo. Lutavam de todas as formas. Mas o instinto sexual está sempre presente.

Os padres lutavam contra as tentações satânicas infindas, diárias, que os acometiam. Como dar conta disso e declamar castidade ao mesmo intervalo que pecavam? Seriam todos Judas?

A quem se destinava essa imensa libido pastoral represada? Às criancinhas, em primeiro lugar, aos do mesmo sexo em segundo lugar, às senhoras caridosas frequentadoras de sacristias, e, por último, aos cilícios.

As torturas autoimpostas regadas de vigílias e orações não conseguiam diminuir a potência libidinal. Apenas a transformavam em outros sentimentos agressivos.

Meus pais me colocaram nessa máquina de fazer doidos, a escola católica, por algumas razões clássicas, aquelas mantenedoras do sistema: pobreza, ignorância, desejo de um futuro melhor.

Tentavam os pais salvarem os filhos pobres por meio da formação de um padre. Se tudo desse errado, com a educação recebida seria no mínimo professor de religião para criancinhas.

Eu não fugi à regra. Mais um menino pobre enviado ao covil dos perversos filhos de Maria e afins.

Eu, virgem cobiçado pelos homens fantasiados de batinas. Assim, teve início minha saga doutrinal. Ou seria psicossexual?

Os homens, você os conhece, você conhece a natureza humana... Não há nenhum hábito que disfarce o animal humano de suas vontades, desejos e afins.

Nenhuma instituição reprime a fera, um de nossos naturais duplos. Apenas a enjaula em parte, permitindo uma saída ainda que pequena das libidos. Madre Joana dos Deuses encontra-se em todas as paredes de todas as instituições religiosas, contorcendo seus músculos, uivando suas vontades, desfalecendo seus gozos.

E, assim, crescendo, descobri que havia uma única maneira de sobreviver: imitando-os.

Copiei, falsamente, a mesma trajetória do opressor. Finge ser religioso. Finge querer ser religioso. Copiei Judas.

Virei mais um deles, me transformei em padre pleno de cobiça, poder e sexo.

Desde pequeno, na suntuosa basílica em que fui domesticado católico, observava não crédulo a morte do Filho de Deus. Em cada cantinho do espaço, havia uma cruz lembrando da morte. Sacrifício e morte.

E que morte? Crucificação, quando toda a crueldade humana podia ser exercida. Do cuspe ao vinagre na boca ferida.

No entanto, havia, em seguida à morte, a ressurreição. O Filho do Deus vivia novamente. Vencia a morte. Não há morte! Viva a vida após a morte!

Os medos da humanidade primitiva encontram-se em todas as localidades onde existiram seres humanos. O medo da morte não é falado.

O medo do morto se expressa na reverência que, em todas as regiões do mundo, se expressa sob a pompa fúnebre.

O velório católico, com seus choros e gritos vãos. O padre em sua última e extrema bênção. O não voltar até os outros dias finais, voltará.

A morte é o condutor da esperança da vida. É o delírio vivo da humanidade que não aceita o fim de um ciclo programático.

O maior dos duplos lá está.

A morte é o duplo incessante do ser humano vivo. Ele poupa, empreende, faz que não vê, constrói templos, procria, ama, não fala da morte e morre.

O ciclo do duplo sem fim.

Os dirigentes de todas as religiões são cafetões da morte.

Bacon, a pompa da morte aterroriza mais do que a própria morte.

Depois, vem a continuidade, a decomposição do corpo.

Cristo saiu dessa, sobreviveu intacto, sem marcas, a não ser as chagas para mostrar a seu discípulo. Todo o organismo incólume, sem lembranças de sofrimento, torturas ou decomposição.

Algumas tribos devoram o cadáver familiar, não permitem que se decomponha, transformam em músculo, carne, vida. Outras embalsamam. Nas igrejas, a quantidade de bispos, papas e afins embalsamados, sem decomposição, sem cheiro, sem desaparecimento. Sobrevividos por meio da mão do homem, enquanto esperam o Juízo Final.

Católicos desesperançados da vida, do sexo.

Urubus da morte, da outra vida a vir.

Tu não morrerás! Essa é a máxima a que fui submetido. Ou acreditava ou me transformava em cadáver putrefato.

Desapareceria. E meu duplo, o morto de morte?

Para que o duplo exista, é necessário continuar vivo.

Morto-vivo, onipresente, é o católico. É o seguidor evangélico que teme em perder a identidade, a individualidade, decompondo-se. Altera-se o ciclo da vida para introduzir o ciclo da vida do único, o Vivo. Vivo no Paraíso.

Optei por essa denominação em nome da sobrevivência. E, como toda instituição, fui galgando e galgando postos e lugares. Até atingir o lugar de tenente, ser projeto de filósofo e teólogo.

Daí é uma outra conversa.

Mas, de toda essa vivência, o epigrama básico, aquele que alicerçou meu coração, foi o encontrado em Metrópolis: o mediador entre a cabeça e as mãos deve ser o coração.

Nem sempre foi possível, mas, mesmo escorregando nos abismos, recordei. Minha vida em pé pelo coração.

A mediação é a arte do crescido. Eu, meu pequeno eu, ainda em crescimento. Acredito que crescerá até minha morte.

Você tem programa hoje à noite em Lisboa?

Marte

SMS

Marte,

Lisboa *by night*.

PS.: Precisamos conversar sobre Judas, o duplo de Jesus.

Babilônia

CAPÍTULO 25

Casa de tolerância

Os poderosos defensores da família e da propriedade toleram as instituições ejaculatórias, o duplo das casas ditas "de família". Geralmente, essas instituições são conhecidas como "casas de tolerância" e disfarçam-se sob o nome da mulher responsável, comumente uma senhora de meia idade, respeitosa, vivida na arte da venda do amor, discreta, religiosa e cafetina. Assim, as casas recebiam os nomes das senhoras, "Casa da Eni", "Casa da Laura", e daí avante. Em nome dessa moral, Assis, Bispo e Onofre decidiram o local do encontro: o puteiro mais refinado da cidade, onde os cidadãos, assim considerados, do bem se encontram. Por que escolheram um refinadíssimo prostíbulo? Porque todos os homens transformam-se em iguais perante a transgressão familiar, a busca cega do sexo; todos se codificam em silêncio, ninguém vê ninguém, ou sabe de qualquer um por ali transitando. O melhor local para reuniões secretas. O segredo é a virtude do negócio. Cafetão falador é homem morto. Silêncio, nada além de silêncio. Afinal, respeito se exige.

Os três chegaram ao local no horário marcado, escolheram uma mesa do fundo, distante da orquestra e da pista de dança da casa de tolerância. Quem tolera o quê? Tomariam *drinks* e depois jantariam. Havia, nesse espaço, todos os tipos de refeições, mas seu maior destaque era a comida francesa, com um *chef* importado de Paris. Sentaram-se, olharam as meninas a serviço do bem. Coxas, vaginas, peitos, bocas em profusão e lindas, excitantes, desejosas, assim pelo menos parecia no *trottoir*, aos olhares ávidos, sempre famintas dos machos. Olharam, olharam e olharam. Desejaram e mentiram. Contudo, antes do pecado, necessitavam conversarem entre si. O que sobrou da conversa?

Assis fumava um longo charuto cubano, acompanhado de tequila jamaicana. Onofre sorvia *Jack* e o Bispo bebia *Dry Martini*. Acompanhava quitutes próprios de uma casa de classe. O Hotel Sexual era de muitas estrelas, rolavam situações indômitas e conhecidas. Pecavam em luxúria. Glória e aleluia, naquele instante, diluídas em álcool destilado. Os três sabiam que não seguiam o preceito do místico persa, Abu Said, sobre a vida religiosa: "é abandonar o que tiver na cabeça [desejos e ambições egoístas]; é dar liberalmente o que tiver nas mãos; e nunca recuar ante os golpes da adversidade."

Assis:

– Procuramos Deus.

Bispo:

– E não conseguimos encontrá-lo. Somos apressados... Os hindus ensinaram aos que procuram Deus a desenvolverem a paciência.

Onofre:

– Meu avô tentou um caminho de procura e pagou com a própria vida. Procurou Deus por meio da criação dos primeiros sons, sílabas. Sabia que, por esse artifício, teria possibilidades de encontrá-Lo. Mas a humanidade confunde a busca com a preferência. E todos quiseram usufruir aquilo que era prioritário Dele. O primeiro som. Meu avô não escapou dessa trilha.

Assis:

– Você acredita que seu avô encontrou o primeiro som?

Bispo:

– Acredita?

Onofre:

– Sei. Sim, eu sei.

Silêncio. As meninas passavam com as pélvis sem medo, soltas, jogando aos passos da irreverência desejada. O três olhavam e sorviam os *drinks*, enquanto elas mostravam os dentes brancos de línguas vermelhas... Estavam muito além de disponíveis. Elas aguardariam aqueles três senhores cheios de desejo e dinheiro. Uma delas aproximou-se do Bispo pedindo fogo, ele ofereceu seu isqueiro de ouro. Ela acendeu o cigarro e, ao devolver ao Bispo, ofertou o presente, "Até logo mais". Onofre e Assis sorviam o drinque e não viram o que acontecera – coisa de profissionais. Ela se afastou deixando o perfume de violetas envolvê-los. Violetas.

Onofre:

– Sei, pois senti esse achado refletido em meu avô: o semblante de paz, o desligamento da materialidade, o abandono da inveja, do medo. Meu avô não fugia dos homens que queriam sua descoberta. Escapou, não fugiu, a fim de que não cometessem o assassinato. Sabia que, se o encontrassem com seu segredo, o assassinariam. Meu avô sabia que os homens se cegam e são cegados pelas próprias ambições. A maior delas é a de vir a ser o eleito por Deus. Todos os religiosos de todas as religiões sonham em vida virem a ser os eleitos do Pai. Coisas da primeira infância da humanidade, que nos persegue até hoje. Mas que ainda tem o potencial de assassinar.

Bispo:

– A maioria dos homens é cega. Os religiosos se encontram entre os mais cegos, pois se creem os eleitos por Deus. Todo religioso é pretensioso, crê-se passível de ser altruísta, bom, sublimado... Delírio que o afasta do homem que realmente é. Daí para o abismo é menos de um passo.

Assis:

– A cegueira é necessária. Uma maneira de conseguirmos viver, pois já sofremos em demasia. Para vivermos e fazer com que a civilização perpetue, devemos exercer o sacrifício contínuo, sermos cegos. A cegueira no religioso é uma ferramenta necessária.

Bispo:

– Sim, a religião clarifica o homem ao mesmo tempo em que o cega. A religião é liberdade ao mesmo tempo em que é algoz da liberdade. Com liberdade, não há cultura. A cultura se constrói com privação e dor. Religião confronta-se com a produção da cultura. Cultura advinda da teocracia não é cultura, é repetição, e subjugação ao poder humano, que se crê porta-voz de Deus.

Onofre:

– Eu não difiro dos religiosos. Também pertenço à ordem dos mantenedores da ordem, civilização. Impeço, atemorizo, mato, prendo aquele que tenta fazer prevalecer o instinto. O instinto precisa ser continuamente adestrado, monitorado, subjugado. Mesmo se for necessário matá-lo.

Assis:

– O velho Freud, o agnóstico judeu, escreveu sua obra prima, *Das Unbehagen in der Kultur*, o mal-estar na cultura. O médico judeu agnóstico apontava para a tênue camada que é a cultura, pronta para ser rompida pelas brutais forças destrutivas do mundo interno, inconsciente. A cultura é uma frágil rolha colocada na boca do ser humano vulcão. Comunismo, ditaduras, nazismo, fascismo e genocídios, quase que diários, comprovam isso. A massa, prefiro a horda humana, sempre disponível para extravasar a sua fúria animal. O nome que governa essa fúria é Thanatos.

Onofre:

– Eu sou um dos agentes do mal-estar na cultura. Existiria outra possibilidade? A repressão diária, contínua, educativa produzirá cultura e sociedade. A religião é a produtora do limite animal humano. Assim como qualquer animal se educa pelo medo, o mesmo acontece com o homem. O religioso é o chicote, e seu aliado, o inferno.

Assis:

– Todos os que estão inseridos na produção da cultura são algozes da liberdade. Não é possível o bom selvagem. Tem que ser domesticado, circunscrito, enjaulado, denunciado e neurotizado, no mínimo.

Onofre:

– Montamos estruturas terríveis para o controle. A fofoca é uma das maiores armas.

Assis:

– Provoca divisão, cizânia, enfraquece os que tentam modificar o que existe. Não há possibilidade de novo Estado. Chegamos ao limite da evolução. A liberdade não existe.

Bispo:

– O altar católico é estratégico. Criamos a adoração a uma mulher Virgem. Deusa Virgem. Mãe de Deus Virgem. O Filho é virgem. Não utilizou sua identidade de macho para procriar. Como o Filho de Deus produziria filhos? O que esses filhos seriam? Filhos do Filho de Deus. Ou seriam o duplo do Filho de Deus?

Onofre:

– A fé é a chave. A fé é o altar da submissão em direção ao projeto de felicidade pós-morte.

Assis:

– É o altar da purificação dos pecados, da derrota do império romano que privilegiava o Coliseu, os instintos. César acima do Bem e do Mal. O Santo Papa além da morte. O Vaticano, desde seus primeiros momentos, projetou a cultura e a sociedade do mundo ocidental. Assassinou quem não concordava ou não aderia a esse projeto.

Bispo:

– A substituição da liberdade instintual gerou esse nosso momento, que é codificado pela alcunha de pós-modernidade.

Onofre:

– Geramos um ser humano submisso a si mesmo, castrado, obediente, compulsivo, depressivo, organizado para o controle de uma segurança.

Assis:

– Optamos por servir a segurança em vez de vivermos a felicidade humana, poética, variável, sem controle, demasiadamente prazerosa.

Onofre:

– Não é possível o homem dar vazão livre a seus instintos. Viveríamos em um Coliseu diário até a morte do último ser humano.

Bispo:

– Tenho ímpetos em querer saber qual a primeira palavra ensinada por Deus ao homem.

Onofre:

– Liberdade!

Assis:

– Seu avô te falou?

Onofre:

– Não, eu criei, nesse momento, meu Deus e minha saga. Eu, o carrasco da liberdade, querendo liberdade! Somos continuamente duplos.

Bispo:

– Ah, como somos inocentes! Já desejamos criar uma concretude de uma palavra. Vamos construir uma ponte, ou estátua, e escrever Liberdade.

Continuamos eternamente ingênuos. A liberdade em pedra, sobre o mar, na figura de uma mulher fixa, segurando um facho de luz. Isso é a liberdade permitida, pois é de pedra, concreta, obediente, sem passos, apenas apontada por um facho de luz, o que é permitido.

Onofre:

– Procuramos, como qualquer assassino, uma pureza. Hitler, em seu delírio paranoico, desejou um mundo de ordem, sem doenças, religiões, com um projeto de pureza. Em nome disso, fez o que fez.

Bispo:

– Marx procurou a mesma ordem, um estado ideal, um paraíso na terra, a purificação das classes. Fez o que fez.

Onofre:

– São Paulo fez a ordem, afastou os homossexuais, legislou o regulamento interno da igreja sem liberdade, obediente ao que ocupa o lugar de Jesus. Fez o que fez.

Assis:

– As Igrejas assassinam o outro crente de outro profeta qualquer em nome da sua pureza. Sua particular liberdade de assassinar advém da crença de que são portadoras de uma ordem limpa e pura. Mate-os em nome de Deus! Limpe a terra daqueles pecadores! Ao mesmo tempo em que reza o seu duplo, "Amai-vos uns aos outros!".

Bispo:

– Uma percepção estética da ordem. Estética é aquilo que nomeamos como arte, limpa, universal, bela, receptiva. De repente, surgem, ao lado, os loucos. O que fazer para limpar essa tela de ordem e progresso? Limpemos os loucos. Matemo-los! Assim, surgiram as casas de loucos. Todas distantes de sociedade, família, ruas, mulheres, homens, cinemas... E, lá nos Juqueris de todos os mundos, assassinavam-se distante, lenta e continuamente o feio, o sujo, o não adequado àquela estética. Os loucos são os perigosos que não seguem a ordem; simplesmente são livres, criam seus próprios mundos, criam suas particulares e próprias crenças. Todo delírio é uma oração que repetem a si mesmos e creem. Não pagam imposto de renda, riem das autoridades. Juqueri neles! Os nazistas alemães foram os portadores principais no século XX, que demonstraram esse traço estético de uma pureza concebida sob um delírio considerado normal. Ser nazista, antijudaico, espancar e matar o semelhante religioso judeu era prática delirante considerada normal. Ah, as normas duplicam o lado de lá! Aponto a instituição alemã por ter sido aquela que se utilizou do instrumental burocrático e tecnológico das empresas de sucesso na sua fábrica de extermínio. O mesmo sistema que administrava as instituições alemãs de sucesso foi utilizado na fabricação de assassinatos judaicos.

Assis:

– O mesmo aconteceu com a Rússia. Purificou assassinando todos os aristocratas, judeus, homossexuais. O que valia era a limpeza da sujeira. O assassinato sempre esteve à luz da construção de um ideal. O delírio comunista russo, tendo em Stalin seu profeta, é considerado norma até hoje. Stalin, o duplo.

Onofre:

– As igrejas de todos os deuses também já o fizeram em nome de uma estética. Jerusalém é nossa! É o grito desesperado de uma identidade. E qual a identidade? A de ser o Filho eleito de Deus. Aquele que foi escolhido, amado, falado. Assim se fez o povo judeu e seus desdobramentos contínuos até os dias de hoje. Sou o filho do que tudo criou. Sou o filho eleito e único. Sou o primogênito! Sou a tribo escolhida pelo divino.

Assis:

– E surge um jovem pobre, paranoico, ouvindo vozes, acreditando-se Filho eleito de Deus, ameaçando os fariseus, rabinos, Jerusalém... Os judeus não o aceitariam como o irmão de Jesus judeu. Jesus não tinha família, perambulava entre pobres, ressuscitando mortos, conversando com os que estiveram do lado de lá, como Lázaro. Andava com uma mulher que quase fora apedrejada, Madalena adúltera. Era uma ameaça à coluna central do judaísmo, a família. A reprodução da família na busca de um Davi. O eleito.

Onofre:

– Jesus nunca quis o poder. Já havia sabatinado a si mesmo quando adentrou o deserto durante 40 dias e noites. Expurgando de si mesmo o poder e a ambição humana. Não conseguiu expulsar o medo da morte. Jesus era humano. Muito humano. Um homem sem família, sem vínculos, sem instituições. Espancou vendedores. Não deu a outra face a eles. Secou a figueira que não poderia dar figo naquela época da Páscoa em Jerusalém. Secou por quê? Porque queria o figo naquele momento, como qualquer humano pretensioso e frágil. Secou-a.

Assis:

– Jesus não queria ir a Jerusalém. Era um homem pobre, conhecia o sofrimento da miséria do povo oprimido, sofrido, carente da Galileia. Queria os pobres a seu lado. Muitos o imitaram em sua saga misericordiosa: Francisco, Irmã Dulce, Tereza.

Bispo:

– Sempre. Sempre o indivíduo quer a preferência da eleição, ser eleito como o preferido. Pobres mortais carregam à frente do instinto a clava maior: a inveja. Jesus sabia que seus compatriotas judeus não o elegeriam. Sabia que era humilde, pobre, sem tradição institucional, sem poderes mundanos ao seu lado. Acreditou nas vozes que o apontavam como Filho do Divino.

Assis:

– Jesus buscou Deus na miséria humana, nas doenças e no pavor que todos têm de morrer e da morte. Mas existe um personagem central na difusão das ideias do Jesus não católico. Judas! Judas Iscariotes produziu a cenografia maior de todo o Ocidente. A crucificação ao lado de dois ladrões. O grito final de Jesus na cruz, o pavor de verificar que a crença em suas vozes e visões não aconteciam. Morreria pregado. Imagino o desespero, o pavor, as mulheres a seus pés chorando e implorando seus últimos momentos. "Pai, meu Pai, por que me abandonaste?". Esse grito desesperador do abandono das alucinações... E entrar em contato com sua verdade única: homem mortal e temeroso da morte como qualquer outro mortal.

Bispo:

– Judas articulou-se dentro do grupo de homens simplórios, pobres, miseráveis de vida. Judas, o mais culto, o mais rico, aproximou-se de Jesus. Tornou-se o tesoureiro do grupo. Era o único que sabia ler, escrever, ter opiniões próprias. Torna-se o mais próximo de Jesus.

Assis:

– Depois, Judas apaixona-se pela figura do Filho de Deus. Cega-se nessa crença. E, como homem oriundo dos poderes terrestres, das riquezas, traz a Jesus seu projeto: fazê-lo ser visto por todos, incluindo o império romano. E, para tal, teria que convencer aquele que se dizia o Filho de Deus a ressuscitar a si mesmo, a escapar da morte diante de toda a comunidade judaica e romana. Jerusalém sucumbiria a seus pés. O grande milagre aconteceria, o maior espetáculo da Terra inesquecível; o homem vencendo o maior dos seus medos: a morte.

Bispo:

– Jesus foi sendo paulatinamente convencido por Judas, seu mais fiel crente do grupo a esse movimento. O homem Jesus fala: "Pai, afaste de mim esse cálice". Afaste de mim esse projeto. Quero permanecer em meu cotidiano simplório de ajudar gente humilde como eu pela Galileia pobre e sofrida.

Assis:

– Quero estar longe da promiscuidade poderosa de Jerusalém.

Bispo:

– O duplo de Jesus é Judas. O duplo de Judas é Jesus. O duplo de nossa crença é Amos Oz.

Assis:

– Quando Deus não salva Jesus da morte na cruz, Judas colapsa, extingue o delírio do Messias que compartilhou. Olha para aquele rapaz humilde, frágil, que pregava o amor entre os homens, que era acompanhado pelos crentes também humildes. Jesus pregado em pânico na cruz, contorcendo-se para fugir dos pregos que o sustentavam, contorce-se, uiva de dor. Ele, Judas, o responsável por aquele assassinato. Sucumbe diante de si mesmo, de seu projeto circense de se fazer mostrar ao mundo como amigo do Filho de Deus. Escolhe uma árvore de galho robusto e dá fim a sua vida.

Bispo:

– Não foi pelas trinta moedas de ouro. Não foi pela inveja. Foi pela soberba de se apresentar ao mundo como o idealizador da cena final, o filho de Deus vencendo a morte diante de todos os judeus e romanos. Ele, Judas, o amigo íntimo do Filho de Deus.

Onofre:

– A inveja ocupa uma porção da alma do animal humano. Em nada diferimos do cachorro que prefere a comida do outro cão dada pelas mãos do mesmo dono. Não interessa que a comida seja a mesma; o que vale é a crença de que o outro tenha recebido mais e melhor do provedor. Os cães, como os humanos, lutam para serem eleitos pelo dono ou seu deus provedor dono. O outro cão necessita ser eliminado. A vida em grupo é um exercício que produz a sociedade. A essência humana habita o narcisismo. Jesus foi aquele homem simples, pobre, que desejava entoar pela Galileia pobre e sofrida o amor ao outro, o virar a face à ofensa, como o único caminho para a vida. Fora do amor, existe apenas intolerância. A guerra é o instrumento consequente disso. Jesus conclamava o amor irrestrito entre os homens. Jesus, ingênuo.

Onofre:

– A maior regra de todas as instituições religiosas é a busca da pureza de um corpo entendido como sujo. Lavagens dos pés muçulmanos, escolha dos alimentos possíveis de serem ingeridos pelos judeus, o jejum universal... Todas as formas da idealização da pureza do corpo para o recebimento da pureza divina.

Bispo:

– Assim como fomos construídos a partir do barro e soprados pela boca divina que criou a animação da vida. Assim também seu avô buscou o sopro da linguagem na formação do elo com Deus: a palavra. O sopro divino foi o primeiro som arquivado na memória do ser humano. Talvez o "OM" milenar que é emitido diariamente nas meditações em busca desse criador.

Assis:

– O mito da torre de Babel é a profusão de línguas em busca da construção de uma torre em direção ao divino. As línguas se altercaram entre si, incompreendidas na língua do outro, sucumbiram diante da profusão de sons de palavras distintas e diferentes. Como seria a língua de Deus?

Onofre:

– Creio que a língua de Deus é o silêncio. Sem palavras, sem decodificações, sem ruídos. Apenas o eterno silêncio. Ação silenciosa, construção silenciosa. Nunca ninguém o sentiu, viu ou poderia compreendê-lo.

Silêncio. As meninas rondavam a mesa dos três senhores. Necessitavam trabalhar. Fazer a diária de seu sustento. Depiladas, cheirosas, apetitosas...

Prontas para o encontro das carnes. Risos, olhares, piscadas e farfalhar de hormônios. Assis pediu ao garçom que servisse as meninas com o melhor *champagne* da casa de tolerância. Agradeceram. Era um bom início de negociação. A noite seria proveitosa. As rolhas explodiam entre risos alegres de jovens desesperadas.

Bispo:

– Todos os recursos para alcançá-lo são demasiadamente humanos. Velas, orações, jejuns, estátuas, palavra de Deus! Ora, quem poderia ouvi-lo? Mesmo que tentasse, os ouvidos animais seriam insensíveis à compreensão da divindade.

Assis:

– Deus é inatingível. O homem é demasiadamente invejoso, cobiçoso, assassino, mentiroso, ladrão, incestuoso, canibal... Está infinitamente distante do divino.

Onofre:

– Acredita que ouve as palavras. Que foi ditada. Que foi escolhido um grupo de homens que entendeu e relatou. Infantil, demasiadamente ingênuo.

Bispo:

– Somos consumidores de qualquer coisa que foi eleita para ser consumida. Detestamos quem consome o mesmo que desejamos. Queremos, como animais que se consideram únicos, ter exclusividade no consumo. Quando aquela terça parte consegue atingir o mesmo desejo, os eleitos pelo dinheiro abandonam o antigo fascínio por outro, depois além de outro. É troca contínua de desejos que nunca existiram.

Onofre:

– O desejo é colocado às mãos do homem. O homem nunca escolhe a realidade. A realidade não existe. Ela é construída para ser observada pelo homem. Só podemos ver aquilo que está autorizado a ser visto. Mais além não conseguimos. Somente alcançamos o permitido, autorizado e predeterminado.

Assis:

– Assim nascem os ladrões, os assassinos, as gangues, os terroristas, os esquadrões de limpeza ou da morte. Estão a serviço da limpeza dos que não

201

participam do jogo ideal: consumir. Consumimos judaísmo, cristianismo, budismo, catolicismo como consumimos *iPhones*!

Os olhares dos três homens não se concentravam entre si, mas se moviam sob as ondas dos andares, das pernas, dos decotes atrevidos, dos peitinhos duros, das cinturinhas... O cheiro livre de pedidos, os aromas, o álcool permissor. Elas olhavam, piscavam, sabiam e conseguiam. Aproximaram-se deles duas morenas, em seguida uma loira. Sentaram-se todas sorrisos, beberam *champagne*, brindaram. O ar taciturno erudito desaparecia entre as pernas bronzeadas, colares espalhafatosos, bocas delineadas de sexo. *Champagne*! Aproximaram-se mais três lindas mulheres pedintes. Sentaram-se. Bebiam, riam e, não mais que um instante, beijavam-se. No começo tenro, depois as línguas buscavam-se em algum lugar do ser. Deus também se encontrava ali. Beijos, afagos, mãos nas coxas, peitos durinhos de intenções, os homens procuravam e encontravam. Levantaram-se acompanhados cada um do seu desejo e foram os nove personagens tragados nas suítes do hotel. Três horas após, reencontram-se na mesma mesa. Sentaram-se e, a pedido do Bispo, rezaram em silêncio. Em seguida, pediram novas bebidas e mais calmos retornaram ao diálogo espiritual. Carne saciada, espírito confortado.

Bispo:

– Quando estávamos com as deusas do prazer, não pensávamos em Deus. Estávamos em Deus.

Assis:

– Temos que considerar de que Deus estamos falando.

Onofre:

– Duvido que Deus não esteja entre os beijos e amores de suas criações.

Bispo:

– De que Deus falamos? Tocar seu nome, negá-lo é ser condenado à morte. Sócrates, Spinoza e Nietzsche o negaram, e de que ateísmo falavam? Somente falaram de Deus. Zaratustra, uma cópia ocidental da Pérsia, tem um único seguidor, seu primo, que o ouve. O resto é deserto silencioso.

Assis:

– Me recordo do início da obra de Nietzsche, quando Zaratustra sai de sua caverna e contempla o sol nascendo, "Que seria de tua felicidade se te faltassem aqueles a quem iluminas?". Essa é a sina humana que se encontra em qualquer local. O que seria dessas mulheres se não as olhássemos e desejássemos? O que seria do pastor recitando em espaços vazios? Vivemos da ilusão do outro. Necessitamos de outro. Deus é além do humano. Não necessita de plateia, orações e jejuns. Ele é.

Onofre:

– Ele o é.

Bispo:

– Deus morto?

Assis:

– Oremos em silêncio.

SMS

Marte,

Mudei o tipo...

Mais barroco.

Talvez pós-barroca.

Deus é morto?

Não! Para outros, sim!

Foi necessário matar o homem para encontrar Deus. Não aceito.

A morte do corpo, o sofrimento da carne, a tortura, o sangue, o açoite até a cruz. Não aceito a instituição que criou um Deus que amaldiçoou a carne em seus desejos.

Depois, comete um ato hediondo: encarna o Divino em carne e desejos de Sua criação. Depois morre. Depois, entra em vida ressurreta a caminho das nuvens. Nuvens, paraíso do espírito.

Nunca mais, depois do desaparecimento do corpo de Jesus, alguém se atreveu a ressurgi-lo vivo pós-morto.

Os santos morrem e é dito, quase sempre, que seu corpo permanece intacto, exalando cheiro de flores. Apenas Jesus ressurgiu, caminhou, viu, conversou e partiu voando para os céus. Disney ou fé?

203

Aprecio o Deus da carne e do espírito interligados, confundidos, amalgamados, amados.

Não entendo um Deus sem duplo. O corpo e o espírito são uma só coisa. Ninguém goza, come, defeca, pensa sem o duplo.

Não é uma reação anarquista. Aceito o anarquismo do desejo. Quero o anarquismo desejante. Sem juízes. O desejo do amor, a carne na carne do outro, desejo.

O encontro em outro produz o si mesmo. Si mesmo sem medo de se confundir em outrem de outro.

Prefiro o Super-homem.

Não o super-homem de capa, voando a serviço da manutenção da sutura.

Super-homem é aquele que pode afirmar-se a Si Mesmo.

Sem precisar de outro. É aquele que é a ponte entre o Passado e o Futuro que caminha.

Ser livre é ser revolucionário contra a proposta de vida em morte. Religião é idolatria do sepulcro. Nenhum sepulcro é santo. Apenas morte, nada mais do que morte. Santo. E o vivo, aquele que desfruta o amor vivo. Sem cruz, choro, ou a pior das doenças: culpa.

Ser cristão é ser subserviente. Dependente de um sistema que o suporta. O cristão é um sub-homem, obediente, acreditando ser uma criança bondosa plena de desejos e rancores. O cristão procura de todas as maneiras ser elevado, enlevado, santificado. Adorado em joelhos por outros.

O cristão é um ser humano inserido na cultura, que crê na massa que é dirigida pelos desígnios divinos.

O cristão está distante do cogito: "Penso, logo existo".

O cristão não existe, é existido.

O cristão não pensa, é pensado.

O cristão crê em sua vida predeterminada por algo incompreensível, infindo, que ele denomina de Bom. Seu Deus.

Deus dividido em três: uma ave escolhida, um pobre da Galileia eleito pela Virgem e um Deus que a fecundou sem coito.

Instaurou, via Paulo, um líder da massa cristã. O gerente chefe da instituição, um semi-Deus, o Papa Infalível.

A história revela os Papas semideuses infalíveis. A lista é enorme de crimes, mortes, assassinatos... Todas as mazelas que o animal humano pratica em qualquer instituição.

Não há divindade em Papas, Cardeais e afins. Apenas Poder humano.

Papa Santo? Missão impossível. Sabemos o que o homem faz para atingir a presidência de uma multinacional. Faz de tudo aquilo que não é cristão. Aconchava, alicia, promete, elege, excomunga, retira. Política do poder. Poder, o sepulcro dos santificados.

As forças que produzem história e prognósticos não são uma nave espacial que caminha célere pelo universo. É um curso predeterminado pelo caráter humano desejante de desejos infindos.

A liderança de qualquer religião é sempre fruto das tentativas de bondade sustentadas pelos instintos humanos.

Todos os presidentes têm amantes. Todos mentem dizendo que não têm. Todos não são anarquistas de si mesmos. Todos são hipócritas do poder momentâneo. Poder que é público.

Todo poder é vendaval, momentâneo, traiçoeiro, produtor de Papas guerreiros, inquisidores, acima do bem e do mal. Criam mapas, itinerários adoentados pelo projeto da bondadezinha, da esmolinha cotidiana, da bem-aventurança da pobreza, do "deixar vir a mim as criancinhas" e ao mesmo tempo se entupir de luxo, dinheiro, poder e sexo.

Sexo na pior de suas manifestações, escondido, perverso, camuflado. A pedofilia é apenas a cereja do bolo nem sempre indigesto. Ou seria?

Não há hábito religioso ou terno presidenciável que esconda a pelagem do macaco com córtex. As gônadas falam, exigem, pedem, querem, exigem. E como exigem.

Cilícios, bondades, jejuns... Essa bendita carne que não cessa de gritar!

Anarquista do desejo não sofre a falta do outro. Caça outro.

Você me caçou. Eu sou seu duplo. Sou a puta que satisfaz.

Depois, você é o padre da redenção da carne.

Prefiro sua carne gozando dentro de mim, você ajoelhado e sugando a minha boceta, enquanto olho o selvagem me possuindo, querendo, querendo e desejando.

Depois, é reunião ministerial da confraria das Virgens quaisquer.

O curso, ou mapa, ou itinerário, é o destino do super-homem, ou simplesmente homem.

Quero você dentro de mim.

Dispenso culpas e orações.

Babilônia

SMS

Babilônia,

Prefiro o passo do gato. Pegadas sigilosas em segredo.

Nietzsche enrabado como duplo: a lua caminha deslealmente com o gato.

A lua é fêmea, mulher. Cada semana uma forma, um êxtase, um caminho. Inicia tímida, se avoluma e mostra o útero prenhe.

O sol é homem. Idiota que faz brilhar, resplandecer para outro iluminar. Estúpido pagador de contas.

A Lua pariu o Sol.

Quando olho em direção ao Sol, cego-me de luz.

Quando acompanho a dança lunática, me embriago, apaixono até sobreviver de meu delírio: que é somente minha. Coisa de homem. Posse do nada, propriedade de nada.

A Lua hipnotiza, fascina, se diz fiel de cantos, bruxas voam nas suas noites sem fim. Enlouqueço e, como os lobos, uivo em sua direção, pedindo uma resposta.

E, como qualquer mulher, a Lua responde em silêncio, revelando que seu corpo é somente dela e de mais ninguém.

Apenas o Sol se crê Rei.

A Lua é rainha sem dito.

O resto são orações ou promessas.

Lua, lua, lua...

Lua que ensina todas as noites o desejo que é além de puro e inocente. É apenas bailarina.

Lua, deusa bailarina sem propriedades, de todos e de ninguém.

Baila repetida e, a cada aparição, é novidade. Êxtase.

A Lua cria a beleza.

O Sol queima, arde, extingue.

Lua, frígida de ardor.

Sol, calor de frieza.

Lua desaparece à luz.

Lua mariposa.

Incansável batedora de asas, voando sem rumo, pousando em cada cheiro de flor, vida breve de longo desejo.

Os outros animais não pedem nada em suas orações. Nem agradecem. Não têm culpa.

Simplesmente vivem.

Beijos,

Marte

SMS

Marte,

Por que o papel de padre e amante?

Truque ou truco?

Babilônia

SMS

Babilônia,

A religião é o único caminho que possibilita a compreensão da natureza humana.

Fé, crença, fanatismo, misticismo, mitos e tabus não se explicam em uma única vida.

São expressões do universo humano. Sejam nas pedras em seus Totens, sejam as Leis em seus Tabus. Seja a crença na reencarnação do corpo. Todo esse conjunto de fantasias foi criado pelos mais profundos abismos do ser humano. Criação coletiva. Tecida pelos milênios.

Regados em dor, doença, fome, nascimento, vitórias, relâmpagos, chuvas, terremotos, sobrevivência, reprodução, nascimento e morte... Essa a cenografia da Fé.

A criatividade dos céus, infernos e paraísos tem seu berço na fábrica onírica do homem.

Cada tribo, em sua coletividade, criou aquilo que sua particular fantasia necessitava. Ao desvendar a necessidade, acontece às vezes de estar em contato com a fantasia.

A criatividade é a concretização da fantasia.

A crença nos santos, anjos, virgens, demônios, olhos-gordos, energias, invejas, macumbas, fetiches que perseguem a humanidade desde seu advento.

O caminho a ser trilhado é o da necessidade humana de possuir alguma coisa que explicite, que o apazigue. É insuportável ao ser humano viver em dúvida. É um animal que precisa de uma tábua de salvação qualquer, seja uma virgem ou demônio, um gato ou vaca sagrada, um bode que expie, um pedaço de incenso, um pedaço de natureza que se endivina.

A natureza eleita concretiza-se em divindade.

A maior das incertezas é a morte. Para onde vamos? De onde viemos? Quem fez? Para quê? Perguntas que são passadas de geração em geração há milênios. Todos somos filósofos e buscamos respostas.

Mais que isso: buscamos pelo menos um pedaço de Razão.

Onde se escondem os demônios? E os santos? Na mesma cesta dos desejos inconfessáveis.

Onde esconderam a cesta?

Nos rituais, nas comunhões, nas antropofagias, nas expiações das culpas, no medo do medo do Pai. O Pai que traímos, que devoramos, que trepamos com sua fêmea. Vivemos em grupos sobreviventes nas cavernas escuras de um mundo humano que se iniciava. E tinha início o religar o homem ao seu trágico destino.

Por que trágico?

Porque desconhecido.

Sem bússola, sem caminho, sem nada, a não ser o desejo. Desejo de sobreviver e procriar.

O homem necessita reconhecer seu duplo.

Sem isso vive uma vida submissa ao duplo.

Cada um sobrevivia com seu duplo. Duplo lobo, duplo feiticeiro, duplo mulher, duplo águia, duplo de duplos. Em cada duplo, estava o desejo, não raro, desconhecido do outro que o carregava.

Nos meus sonhos de adolescente, Tertuliano me perseguia, corríamos sobre as águas de um rio cujas margens nos acompanhavam. Margens correndo com as águas. Era um rio em movimento tremendo, atual, quase moderno.

Os rios sem margens estão além das linhas de fuga da alma ou corpo.

Tertuliano me perseguia, queria que ouvisse o que ouço até hoje: "*Credo quia absurdum est*". Creio, pois é absurdo.

Como entender a Santíssima Trindade? É de tamanha incompreensão que resta aceitar a fé como destino, a razão como fluxo, a crença como margem. Tornei-me um rio de águas correntes em margens correntes. Sou sem margem, apenas fluxo e movimento. Seria a Virgem o duplo de Eva?

A religião possibilita antecipar uma esperança. A de tentar encontrar Deus *absconditus*, Deus escondido.

Procuro por Deus em cada pedaço de nuvem, olho de sapo, beijo de mulher, oração talmúdica, oblação islâmica, rosário que escorrega entre dedos devotos, doentes cancerosos, guerras partidas, moribundos esticando uma esperança...

Procuro Deus em você.

E o encontrei em seus olhares sem fins ou começos, adentrei em seu corpo, penetrei o mais fundo de meu desejo, surgindo um parque florido, lagos, cisnes, sem limites, espaços, cercas ou possibilidades.

Você diluída no líquido dos desejos.

Você é meu duplo.

Você, minha mulher em você.

Sou seu sexo em meu sexo, em nosso sexo.

A religião é o meu duplo. Duplo devir.

Devir distinto de busca de riqueza, poder, profissão ou devires.

O devir é o duplo.

Quem é o duplo do beija-flor?

As flores que tocam o bico do pássaro ou o bico que toca as intimidades da flor são duplo e devires.

O devir beija-flor é a flor que é devir beija-flor.

Ao eterno retorno que comanda, que traz, em cada passo para a frente, em direção ao aqui, agora... Terráqueo pleno de dúvidas.

Resta o desejo dos desejos, mas sempre humanos dos humanos.

210

Há momentos em que você é meu devir. Adentro em suas mais íntimas intimidades, muito além de sua vagina, útero, costas. Além do que você é, meu gozo.

Você também é devir gozo.

Não retorno, apenas repito o retorno do duplo em você.

Você meu duplo em mim. Sem moralismo, padrismos, rezas, ou queixumes quaisquer.

Ser padre, bombeiro, médico, ladrão... São mitos devires.

Sou pós-moderno, é possível?

Ser padre abstêmio, sem desejos, caridoso, amante de Deus, Deus, Deus, é possível?

Qual o duplo do religioso? O terráqueo, o sádico inquisidor, o *voyeur* do confessionário, o abusado em bebidas, comidas, riquezas.

O duplo do outro religioso, apenas culpado, reza, jejua e pede aos céus por um pai que o perdoe de crimes que não cometeu. É humano.

Deus, o duplo do religioso.

A medicina meu devir, meu duplo médico. A religião meu mito, meu duplo mito.

A Ilusão, ah! A Ilusão é a chave mestra da religião.

Se procuro Deus nos céus, desfoco da Terra. Procuro Deus primeiro na Terra. Depois na Terra. Os céus são para os cegos que imaginam o que pedem.

Todos à procura de um milagre. Seja a bolsa que foi encontrada, ou a doença dura, ou a esposa conseguida, ou qualquer outro "ou". Os arrepios surgem por todo o corpo, provando a teoria dos desesperados sem bússola.

Vida não tem bússola, norma, segurança.

É apenas vivida sem seguros de casa, governo, ou virgindade.

Vida acontece, sem eira ou beira.

Imagine o Céu, crie-o, apaixone-se pelo Céu, viva em um Céu que é somente seu, naquele ato artístico ou ato de imaginação.

A religião cria pela ilusão o mundo ideal.

O mundo ideal é a cenoura diante da visão do homem, caminha em direção à
crença do Ideal.

Restava não estagnar no convento, orando com joelhos grudados nos altares de
mármore frio.

Pregado na cruz, fixado, estagnado até apodrecer em uma única identidade.
Mobilidade é minha oração.

Necessitava mover-me. E o fiz em direção a Deus. Sem bússola, caminhando em
direções, sem leis, regras, ou partidos. Sem assembleias. Estava à Sua procura.

Por que Deus não se esconderia dentro de você?

Procuro-O em ciência, linguagem, palavras.

Também O procuro em gozo, carne, desejos...

Ele continua escondido. Escondido. Escondido.

Marte

SMS

Padre amante & Marte,

Nascemos predeterminados a trilhar o caminho que não escolhemos. Não
diferimos de nenhum vegetal. A semente cai no terreno ao lado.

A territorialidade faz com que cresça, dê frutos, viva a vida naquele meio, com
aqueles ingredientes.

Nascemos de uma família que é sempre particular, porque é nossa.

Somos católicos, evangélicos, budistas ou outra coisa qualquer desde o
momento que não fomos concebidos.

Somos batizados, eleitos em nomes, seja Sara, Jonas, Antônio, Maria... Somos sem
escolha.

Assim, tem início nosso destino e tragédia humana.

Bem-aventurados os pobres de espírito que não refletem, questionam, indagam...
Deles é o reino dos Céus.

Nós nascemos perguntando, por que Reino? Reino? Deus Rei? É transformá-Lo em características humanas. Com valores e qualidades humanas.

A partir do instante em que perguntamos, criamos adversários que habitam o mesmo território: nossa família, os primeiros inimigos.

Como atrevemos a desafiar, sacudir, perguntar, duvidar sobre algo que é o cerne da existência deles?

Onde Jesus seria apedrejado senão na terra em que nasceu?

Os santos de mesmo território não fazem milagres.

Os que se comportam ou agem diferente dos conservadores são diagnosticados como loucos.

Loucos habitantes de um hospício distante e assassino. Se morremos, os familiares sentirão alívio. Por quê? Por termos interrompido as perguntas. Por termos estancado o desafio aos dogmas em que acreditavam sem dúvidas e que os alimentaram em ilusões.

Entendo a sua escolha de padre, como a minha de psicanalista fora da sociedade.

Entendo a sua escolha de transgressor e amante. Entendo o meu desejo de sexo sem regras, casamento, família e outros dogmas.

Cuidemo-nos de amar, pois seremos crucificados pelos mesmos hipócritas de sempre.

Depois não adianta reproduzirmos e gritarmos uníssonos: "Papai, por que nos abandonaste?".

O que resta é a somatória da vida? É vida.

O restante são desesperos de encontros tentados, unidos, corridos, raramente apaziguados.

Não troco o beijo, a cama, o desejo, a querência de ser querida e doada. Sei que minha vida é curta de viver.

O resto é o resto.

Beijos,

Babilônia

SMS

Babilônia,

Sei que serei julgado. Sempre somos julgados.

A sociedade policia, mantém uma norma preestabelecida.

Acusar-me de padre amante? Violei a moral. Devo ser punido.

O que faço, amo. É pior do que missa satânica?

Reconheço que a moral sem Deus não é possível, como dizia o filósofo Wittgenstein.

Mas Deus me impedira de ser humano, sexual, amante?

Ante Deus e sua criação, a mulher, saltando do meu costado.

Impossível de saber o que Deus pensaria, pois tal ato seria qualificá-Lo como humano.

Tenho uma dúvida: se toda a moral depende da existência de Deus, como saber o que Deus poderia pensar?

A religião de Wittgenstein é devotada à formação da cultura e da sociedade.

Será que Deus se encontra ainda na fase do julgamento humano?

Creio que não. Deus, o meu Deus, não se importa com os orifícios humanos, desde que se encontrem em comunhão de acordo recíproco.

Você e eu concordamos em fazer amor.

Fizemos. E faremos, espero.

Poderia outro me julgar pelo óbvio de eu estar necessitado de ser religioso e ter sexo?

Outro mais sobrevivente da cultura, hipócrita, diria que eu poderia fazer desde que escondido. À semelhança dos políticos, reis e Papas. Escondidinho do olhar do outro. A cultura católica, islâmica, judaica, ou outra qualquer, vive das regras da aparência.

Aparente e será bem-vindo ao Reino dos homens de bem.

Seria moral fazê-lo escondido?

Mas escondidinho eu escaparia da moral humana... E a divina? Será que Deus aceitaria meu arrazoado sobreviver?

Estaria dando maus exemplos aos outros jovens religiosos? Os velhos já se encontram carcomidos em seus próprios devaneios. Aqui, interessam apenas os jovens.

Recordemos Sócrates diante de Eutífron. Eles conversam, sob a imaginação de Platão, em diálogo criado sobre as duas questões que foram imputadas a Sócrates e que o levariam à morte. A primeira era que ele deturpava a juventude. A segunda, a que ele criava novos deuses. Era um fazedor de deuses.

Corro esse risco? Ser confundido como fabricante de deuses? Corro. Depende do interesse do júri. E do juiz.

Não posso me apequenar diante desse Mundo Julgador. Caminha na direção contraria à Vida. Opto pelo Eros. Meu duplo assassino ou livre? Liberdade sei que não existe.

Mas valeria a pena trocá-la em nome da respeitabilidade da burguesia?

Amor, Filia, Eros, Amor. Assim fundimos Eros e Filia.

O que me alegra é vida, o que me alegra é desejo.

Você, Babilônia, é pauta da vida, é uma nota silenciosa da qual, sem a sua participação, não há música.

O encontro acontece nos lençóis, amassados, embrulhados entre nós, abraçados e adormecidos.

Depois, acontece o café com leite, o rosto solto de filia, alegria, desejo e amor.

Continuarei minha saga religiosa de padre. Continuarei os meus desejos de amante.

O risco que corro? Um psicopata religioso que me julga na ponta da bala de um revólver de aluguel.

Morrer? É parte indissolúvel do existir.

Marte

Enquanto Babilônia e Marte trocam SMS, na casa de tolerância, os três, quase satisfeitos, Assis, Onofre e Bispo, permaneciam no puteiro respeitoso. Foram cear desacompanhados de meninas, apenas a presença deles na busca de um Deus burocrático. Entre comidas francesas e vinhos Brunello, deliciavam-se em erudição fantasmagórica:

– Deus. "Sem Deus, não há moral possível" [Wittgenstein]. A moral varia, depende de contratos e acertos. Deus não varia. O Deus que nos interessa nada tem a ver com a discussão filosófica, apenas teológica.

– A moral grega é a harmonização do Cosmo.

– O Universo nem sempre foi harmonioso. A causa da harmonia é Deus. Quem colocou em ordem o Universo foi o Deus Zeus.

– O fundamento da moral Cósmica é Fundamento Divino.

– Ímpio é aquele que não acredita. Impiedade. Platão – diálogo Eutífron – foi aquele que julgou Sócrates. Em um determinado momento da obra, Sócrates encontra Eutífron.

– Por que me acusaste de impiedade? O mesmo Sócrates que, não raro, citava: "Por Zeus!".

As meninas de olheiras desmanchadas, com sorriso imitando felicidade das bem-pagas, passaram ao lado da mesa, discretas, deixando um ligeiro beijo de boa-noite. Silenciosas, as três saíram em direção ao sono das justas. Trabalharam para a paz e a tranquilidade da sociedade e da cultura. Pobres divinas putas! Bispo levantou-se da cadeira, todos se entreolharam e, fazendo com a mão direita o sinal da cruz, abençoou-as. Elas, entre inconsciência e aprendizado, fizeram o sinal da cruz sobre o peito, ajoelharam-se rápidas, e saíram. Bispo olhou para Onofre e Assis e abençoou-os em seguida. Sentou-se.

– Por favor, mais uísque!

– Jack Daniels, triplo *on the rocks*!

– Brunello Rosso, Rosso Brunello! Mais uma garrafa, *please*!

216

CAPÍTULO 26

Primeira classe

SMS

Marte,

Quero conversar com você à moda antiga.

Babilônia

SMS

Olho no olho!

Marte

SMS

Sim. Distante daqui.

Babilônia

SMS

Escolha o local. Irei.

Marte

SMS

Miami.

Babilônia

SMS

Irei.

Mas por que Miami?

Marte

SMS

Porque é ridículo.

Babilônia

SMS

Iremos.

Marte

Babilônia convenceu Marte a darem um pulinho até a Miami ridícula. Marte concordou, desde que não ficassem no triplex do papai ministro. Não gostaria de ser visto lá, pois poderia comprometer sua dignidade, caminho espiritual, busca pelo divino. Babilônia imediatamente concordou, propôs que ficassem em algum motel ou hotel qualquer distante da colônia brasileira que aportou na terrinha de Walter. Babilônia gostava do Tio Patinhas – a alma do modo de viver norte-americano. Marte preferia o rato sincero, eterno namorado, sem filhos. Seria um rato impotente? Minnie nunca respondeu. Mas, para a busca de Deus, vislumbravam o duplo americano, Disney! Seria Disney o duplo do rato Mickey?

Durante o voo, viajaram de primeira classe, presente da política brasileira. Os dois registraram em seus *iPhones* o diálogo. Por que primeira classe? Para ficarem distante dos ouvidos dos outros curiosos. O casal Babilônia e Marte chamava a atenção da burguesia. Ela, típica gostosa em dia com o orgasmo; ele, face culta em corpo de cafajeste. Não havia como não despertar sonhos. Casal tatuagem, sem a necessidade de tê-las, eram tatuados de si mesmos.

Gravador girando falas...

Babilônia:

– Conheço-o de *shopping*, cama, cadeia, mas não sei sua história. Sei que, como eu, procura o caminho do encontro com Deus. Iniciemos das raízes. Onde estudou?

Marte:

– Sempre surpreende, é pela escolaridade que se conhece o país. Nosso Brasil, até hoje, não conseguiu decolar para a modernidade. É sempre um mundo antigo. Os políticos da década de 1950 até agora não mudaram. Os melhores são clones do dr. Adhemar de Barros. O Brasil colônia continua o mesmo. Mudam os presidentes e a mesmice acontece, não há diferença entre nenhum presidente brasileiro. Todos na mediocridade contínua: perpetuação do poder, falcatruas contínuas, terninhos bonitinhos, arranjos e conchavos entre os partidos políticos, mudam apenas as siglas, mas a colônia continua a mesma, com indicativos de piora educacional, sexual, alimentar, sanitária... Nada acontece de revolucionário, nem mesmo os golpes coloniais que sofreu, com o nome pomposo de Revolução. Apenas golpes oportunistas para a manutenção do poder dos mesmos, para a manutenção da escravatura dos mesmos. Brasil de vontades e ideias políticas inexistentes. No Brasil colônia, não há socialistas, democratas, comunistas; apenas uma horda oportunista em luta pelo quinhão que lhe compete e, óbvio, a perpetuação do poder com a bênção dos religiosos. Afinal, os negócios caminham bem. Os desgraçados que atingiram o poder e se transformaram em menos de vinte anos em bilionários do dinheiro alheio. Incultos, psicopatas, perniciosos que destroem em poucas décadas séculos devires. A grande maioria deles, governante, é inculta, incapaz, com um único objetivo burguês do século passado: ficarem milionários e deixarem a família fracionada riquíssima. Os burgueses "bem-educados" desejavam um filho "doutor", que portasse nos bolsos de suas camisas brancas o monograma "dr." e o nome da vítima. Eu fui uma vítima desse país analfabeto, governado por homens públicos larápios, burgueses comerciantes e industriais promovendo suas carteiras bancárias para um "futuro melhor", ou visão míope da colônia, que fora colonizada inicialmente por portugueses degredados, com a vinda de D. João VI o subjugado pelo mordomo, acompanhado por mãe provavelmente esquizofrênica, D. Maria, a louca, e uma corte inadequada para a governança. Criou-se, de início, os tabeliães das falcatruas, que, até hoje, com leitura de pupila e DNA, reconhecem a firma do abatido diariamente de seu bolso! Firma reconhecida em momento que se lê o DNA!

– Concordo em tudo. Papai estudou o primário e, hoje, é ministro de inúmeras pastas, já foi até da Cultura! Quase analfabeto com títulos comprados, arranjados de doutor no que quiser e desejar. Milionário, amoral, e com o pior vírus: odeia os pobres. Assassina os pobres que um dia ele foi.

– Meu pai trabalhou como jumento em nome de um Doutor na família. Conseguiu vários doutores à custa de sua vida sem alegria, apenas o trabalho escravo em nome de um "bem de família". A honra da família católica apostólica romana.

– O canalha do meu pai político abandonou-me ao nada. Precisei prostituir-me para sobreviver. Valeu? Valeu o milionário canalha que criou em seus anos de poder milhares de crianças iguais a sua filha puta! Hoje, sou rica de dinheiro dele, rica de dinheiro de um marido canalha e sou puta. Puta carente e sobrevivente.

Aeromoça lindíssima servindo champagne francesa, acompanhado de delicadezas francesas:

– Os senhores desejam vinho francês ou italiano?

Escolheram o francês, mais palatável ao delírio milionário.

– O cardápio os senhores escolhem. Passarei quando os senhores desejarem, apenas apertem o botão cor de rosa. Meu nome é Rose, estou ao inteiro dispor do casal. Boa viagem.

Marte:

– Papai me colocou em colégio de formação católica holandesa, triste, distante, fria. Rezas, salas sem alegria, os corredores que davam para as salas sem janelas, luzes semelhantes às penitenciárias, salas de cadeira de madeira dura, pronta a envergarem as colunas das crianças até a juventude. O ensino, uma tragédia, repetição do mesmo. Entrada do pobre diabo ou professor, deprimido, repetindo o mesmo há décadas, goela abaixo, a matéria. Nunca perguntaram se eu queria ou não desejava. Apenas tinham que passar. Passavam em desgosto daqueles momentos horríveis da perda da infância e juventude, sem criatividade, dança e alegria. Forçados a sermos burgueses idosos, cabisbaixos, sexualmente sofríveis, em pecado, com os gordos holandeses nos cobiçando, suando, fedendo, e aves-marias sem fim. O enfado, o horror ao tempo perdido, a tristeza, a depressão da obrigatoriedade de matérias inúteis, o professor distante. Jamais conversaram comigo. "Quem é você, idiota? O que pretende da puta da vida? Teu pau ejacula?". Nada, apenas perguntas e respostas melancólicas. O grande alívio quando deixei a escola é que nunca mais voltei. Senti minhas costas aliviadas. As matérias passavam com facilidade, a tristeza da vida me acompanhava. Tentei o suicídio inúmeras vezes em pensamento dessa medíocre vida sem frutos.

Babilônia:

– Algum padre te comeu?

– Sobre o óbvio não se pergunta. Quase fui traçado por um porco holandês loiro fétido. Era o diretor daquele presídio. Me cantou, eu tinha sete, oito anos de idade, não sabia para que servia o pau. E o doente me seduzindo. Sinto nojo até hoje. Mas fazia parte da cegueira do meu país, onde Deus é brasileiro. Imagina se não fosse! A questão sexual na igreja transforma aquilo que é natural na espécie humana em pesadelo, que, com o passar das noites, surge em tragédia. A grande questão do não serviço à humanidade foi a forma hedionda com que a instituição, por meio dos seus Papas, tratou o assunto da sexualidade. Basta vê-los como dito "castos". Prefiro castrados falsos em nome do quê? Dignidade, ética, moral, trabalho, irmandade rima com castração? Abstinência sexual aos jovens, entender a sexualidade como diabólica, suja, comprometida com o caminho dos Céus, produziu uma sociedade dupla. Dupla moral sexual. Pelas luzes solares, honrados pais e mães de família, às sombras, irrompem a necessidade normal, fisiológica, amorosa, do amar o outro como a si mesmo. Amar não é pecado. Trepar não é pecado. Trepem em nome de Deus! Foi o lema de vida que me trouxe até o momento, razoavelmente vivo. Sou um sobrevivente.

Babilônia:

– Ou estaria arrombado até hoje.

Riam às claras e alto. Rose, a aeromoça de curvas para servi-los, aproxima-se. Sorri. Faz cara de quem não ouviu. Mas estava escrito que estava ali para tentar um extra qualquer. São Paulo-Miami. Ligava uma medíocre terra brasileira a um nadinha norte-latino-americano. Uma ponte aérea que faz jus ao nome, *Trans-Merdoncia*. E os três riam a não mais poderem. Babilônia passa as mãos nas coxas da aeromoça, que sor-

221

ria olhando com aqueles olhos verdes para mim. Serviu vinho francês, as mãos ousadas de Babilônia invadem a intimidade sem calcinhas de Rose. Ela sussurra:

– Mais tarde, virei servi-los. Até mais.

Babilônia cheira seus dedos, introduz em sua boca, suga. Rose, a cubana, suspira.

Marte:

– O duplo do abstêmio padre é o perverso sexual. Brasil, um país católico... Os padres ao lado do governo. Qualquer foto do governo da época, em celebração de qualquer sordidez, como reeleição, lá estava o bispo ou cardeal... As princesas instituídas e aliadas ao governo que em nada contribui para o pobre, muito menos ao operariado. O Brasil colônia dos absurdos e afins necessitou de um ditador, Getúlio, o suicida, para ofertar aos escravos um mínimo em carteira de trabalho. Esse cenário da mediocridade social e cultural brasileira, acompanhada de megalomanias horríveis, que iam do Deus é brasileiro até o somos a nação das mulheres mais lindas, debatia-se em rede televisiva e radial; as benditas ou malditas polegadas da beldade Martha Rocha durante décadas, ou sobre o maior estádio do mundo, nunca sobre as derrotas futebolísticas em casa, elegiam-se os heróis negros no futebol, apenas no futebol. Negros que casavam com loiras, tentando embranquecer a prole. País explorado pelas multinacionais, com um Partido Comunista ou Socialista pré-antigo, pré-Lenine ou Stalin... País da falsidade ideológica, o que importa é levar vantagem individual. A pedagogia brasileira carrega essa sina. Tínhamos que possuir doutores em profusão. Estamos tendo uma plêiade de medíocres advogados, médicos, engenheiros, dentistas, eletricistas, mecânicos... Tudo feito à brasileira pelos políticos medíocres, incultos, milionários. Querem possuir o triplex por alguma razão conhecida. Andam para lá e para cá. Donos do Brasil é a meta. Para quê? Para continuarmos na mesma marcha medíocre em que sempre estivemos. Paralisados como colônia, como devir, como vida. Assim, fui cursando minha escolaridade, entre o desconhecimento da sexualidade humana e entupido de insensatez dogmática religiosa, fosse católica ou castrista ou kardecista ou umbandista. Compreensível, inadmissível a continuidade histórica do mesmo Brasil colônia. Caminhei ao nada em oceanos

222

de boçalidades ingeridas nos bancos fracassados escolares. Sim, sempre fui um brilhante aluno. O melhor de tudo foi quando deixei para trás a perda de tempo, ou seja, o tempo além de perdido de uma escola antiga, despótica, distante do aluno, insensata, colonizada, em que os pobres professores mais se assemelhavam a sargentos de um exército ridículo a cumprir ordens. Pobres escravos professores. Durante anos, vestiam o mesmo terno, variando do cinza ao cinza, sempre a mesma gravata discreta, camisa branca surrada de lavagens. Repetiam a mesma roupa por anos seguidos, da mesma forma como repetiam suas monótonas aulas. Havia uma contínua alegria de quartel, o único detalhe decorativo das salas de aula: Cristo torcido na cruz, morrendo de desespero. Havia uma lavagem contínua contra a juventude, alegria, movimento, dança. Austeridade que daria, naquilo que desejava a nação brasileira, homens tristes, revoltados e, logo, fascistas. O momento mais feliz da escola era quando soava o sino do meio-dia. Liberdade! Fugia pelos corredores em busca de ar respirável.

Babilônia:

– O Estado Brasil nasceu velho!

– Nossa juventude não tinha espaço para respirar. Tínhamos que ser iguais aos velhos: nas maneiras, no vestir, no cabelo de corte "americano", no riso comportado, no gosto do uísque, no neguinho submisso escravo, na sexualidade sem prazer, na iniciação sexual com prostitutas horríveis das ruas escuras do meretrício, Rua Aurora e adjacências, ouvíamos ainda Noel Rosa, escutávamos Orlando Dias, Cauby Peixoto, o circo da monotonia, sem transgressão, as fotos dos homens de bigodinho aparado, as senhoras gordinhas sem cinturas, castas e castos, assim a juventude seria. Depois a burguesia branca dirigia-se à missa das 9 horas para as mais velhas, e a juventude para a missa das 12 horas, à procura de uma futura esposa do mesmo rebanho. Quando os Beatles surgiram gritando "*Help!*", aderimos aos cabelos compridos, o *jeans* ainda no horizonte, as moças sem darem, os moços nos bate-coxas familiares, a masturbação contínua e, após a confissão ao padre que ouvia sobre horas de masturbação – pobre outra vítima: o padre despreparado, crente que toda sexualidade é manobra de Satanás, casava-se virgem da tragédia futura –, a Jovem Guarda anacrônica de músicas infantis, o *Calhambeque* brasileiro distante do rock, Beatles e a leva que já acontecia... O Teatro Municipal dos burgueses, depois, o duplo, a Sala São Paulo ladeada de miséria humana, em que os filhos dos mesmos burgueses se recusavam a ouvir Schönberg, Mahler, a ler Bukowski, a ouvir Schnitzler, a pensar como Nietzsche, quando muito se lessem o Freud das fotos que o revelava comportado, pai de família, filhos em profusão, olhar sério, misto de Sherlock com Gary Cooper, assim pode ser aceito pela Sociedade Burguesa Brasileira Enlatada dessa Psicanálise. Reich, o pornográfico. Deus nos livre e que o Brasil continue território do Deus Brasileiro. Assim, o enredo de minha terrinha, que tem palmeiras onde canta o sabiá, com medo do estrangeiro, onde os pássaros cantam outras línguas. O que esperar de nossa pedagogia brasileira a serviço da burguesia velha, inculta, decadente e perversa sexual? A igreja tocava os sinos; eu aprendi a badalá-los! Sobrevivendo, porra!

– Mais champagne? – perguntou Rose.

– Por favor, traga uma taça para você – respondeu Babilônia.

Ela trouxe duas. As rolhas estouraram, tomamos no gargalo, três em dois gargalos. *Ménage*! Fecharam a cortina da cabine. E os três entre uivos e suspiros admiravam o mundo novo dos altos das alturas possíveis. Foram duas horas ininterruptas de amores desejados. Sem amém. Afinal, a filha do Ministro Mor exigia orgasmo! Madrugada adentro, motores Rolls-Royce aderindo aos céus. Rose de pernas abertas e Babilônia sugando a seiva jovem das alturas. Eu, privilegiado, via as criaturas de Deus se amando nas nuvens. Rose olhou-me novamente com aquele olhar que só os olhos verdes sabem, enquanto sugada, chupou meu pau duro até o gozo comunitário surgir. Esplêndido voar nessa Miami! Ríamos felizes da felicidade de cada um. Rose tomou seu banho, aprumou-se e se foi, deixando conosco seu e-mail. Óbvio que não dormimos; já havíamos descansado o prazer.

Babilônia:

– Estávamos conversando sobre sua fuga do colégio para a liberdade do ar respirável do meio-dia. Depois, se dirigia ao substituto da escola, sua casa, onde o mesmo aconteceria. Por que optou por ser religioso, padre?

Marte:

– Identificação com o agressor. Síndrome de Estocolmo. A opressão afetiva, sexual, repressora era tamanha que a mentira da minha vocação religiosa aos padres poderosos da penitenciária escolástica foi minha linha de fuga. Não! O padre não foi meu duplo, o padre é apenas uma notável fantasia, um embuste, uma corda dependurada na janela do presídio – aliás para eles também. Acreditaram, talvez, em minha mentira necessária. Os pedófilos sabiam que eu fugia escolhendo o caminho deles, dos agressores. Nunca fui ou serei pedófilo, gosto de mulheres maduras e putas como você ou Rose. Mas como não receber um garoto de inteligência brilhante? Precisavam de gente capaz, que desse continuidade à Máfia Religiosa. Necessitavam de todos os tipos de operários, desde os padres cantores de rock, os circenses, os que afugentam satanás, até um idiota brilhante como eu, o 007. Assim, teve início minha vida dupla. Duplo de dupla. De um lado, padre brilhante que fala várias línguas, sabe latim, grego, entende de música, pianista razoável, atleta de vários esportes; de outro, o homem que adora mulheres, mulherengo. Antes assim! Nunca aderi ao "vinde a mim as criancinhas!". Imediatamente me cooptaram para o serviço secreto religioso. O Papa João Paulo II foi baleado por um agente da KGB, desnecessárias mais explicações. A Máfia Religiosa precisava de alguém com meu perfil para funcionar como um 007 religioso. Informar os perigos que cercam a Sagrada Instituição. E assim foi, e eu caminhei o trilho religioso. Como estudante de padre, pude fugir da casa de meus pais. Era uma época difícil para um jovem ter sobrevivência própria. O país funciona até hoje no esquema das indicações. Jovens saindo de casa quando se casavam com uma menina de bem. Eu podia usufruir das minhas vontades. Não precisaria mais ler Reich escondido, nem Schiller, muito menos Nietzsche. Era perdoado pelos serviços que prestava.

Sorveram outros goles de champagne servidos pela bela e feliz Rose.

Marte:

– A maioria dos aprendizes do ofício de padre não estava lá por vocação. Sobrevivência. A maioria era composta de filhos da pobreza brasileira.

225

Sobreviviam sem nenhuma possibilidade de estudo, trabalho decente... O destino único: a escravatura disfarçada em salário mínimo. Nenhum canalha do Congresso vive de salário mínimo.

Babilônia:

– Meu pai que o diga e mostre!

Risos, tilintar de taças, Rose aparece ávida, fecha a cortina e beija cheia de ardor Babilônia, que corresponde. Apenas deusas envoltas em amor. Depois me perguntam se é possível a fidelidade. Respondo que é possível enquanto existe. Depois, voltamos à norma de amar múltiplos, pai e mãe, filhos, Sharon Stone e Nicole Kidman, Deus e Jesus e Pomba. Somos passíveis de amores múltiplos infindos, enquanto há disponibilidade. Na lista das escolhas dos outros, ama-se primeiramente a si mesmo, aquele que se ama em primeira mão. Narcisismo? É da espécie. Rose e Babilônia gozaram múltiplos, eu sorvendo olhares e champagne. Viver e deixar viver, refrão da Liberdade.

Marte:

– As escolas impedem o florescer do aluno, não o reconhecem, distanciam-se de suas qualidades, ensinam o desnecessário. O que é esquecido é a matéria única possível: ensinar o aluno a reconhecer-se naquilo que tem talento. Dádiva libertária. Mas o medíocre Brasil colônia reproduz o aprendizado clássico da divisão de castas, do privilégio ao milionário, da conquista da carreira política como fim erário. O mesmo se dá em todas as instituições religiosas. O fim é dízimo, contínuo, reprodutivo, a fim do quê? Do único amor fiel em si mesmo, a única fidelidade passível e possível: o Poder. O casal legítimo, sem traições, poder & poder. Para isso, o alimento do Poder é o amado Dinheiro; Sua Santidade Dinheiro. O *marketing* é simplório como o povo iletrado.

– Mais fácil passar um camelo pelo buraco da agulha do que um rico entrar no Reino dos Céus!

– Com esse *slogan* contínuo, os milionários, na hora da morte, deixam heranças para os religiosos, porteiros do Céu. Multiplique isso por dois mil anos. Multinacional Imbatível. Não contando o diário tilintar resultante de dízimos, batismos, comunhões, casamentos, missas disso e daquilo, sem impostos. Tráfico da Fé em nome do Amor ao Poder.

– Você vê isso desde menino. Como sobreviveu?

– Quem disse que sobrevivi?

– Eu sinto dentro de mim, batendo no colo do útero. Vida.

– Essa foi uma das saídas, sem dúvida a mais importante. Senão estaria de quatro, dando para algum padre superior, ou transando com criancinhas. "Vinde a mim as criancinhas" foi deformada pela patologia sexual dos padres. A perversão é sua febre, a psicopatia, seu destino. Catequese, a sua crueldade instrumental. Todos, catequistas e catequizados com face de amargurados, gordos, viscosos, reticentes, amigos dos poderosos ricos. Uma lástima. O comprometimento humano nas instituições religiosas não deve nada a nenhuma instituição nazista. Dor, falsidade, pré-conceitos, ensino deturpado, sexualidade patológica e, finalmente, morte cruel.

– Você é brilhante, foi sacando a patologia institucional religiosa, foi navegando pelos atalhos, quase naufragando, e não abandonou sua identidade masculina, seu ser macho sobreviveu, viveu e vive. Diferentemente dos Bispos, Cardeais, Papas, Senadores, Presidentes da República e *la nave va*!

– Daí ao poder eclesiástico foi um pequeno passo. A inteligência controladora do sistema percebeu o meu talento. Fui convocado para defender como 007 a maior e mais antiga multinacional: a Igreja.

– Defender do quê?

– Babilônia, não se faça de inocente. Ou me considera idiota?

– Você é sombra, água fresca e leve.

– Sob essa aparente verdade, responderei. O Poder da Igreja é diariamente atacado. Quem não quer ou deseja o seu espaço e lugar? Representante de Cristo na Terra! É o maior título imaginável. O resto é secundário. O ataque surge contínuo, de outras facções religiosas, outros países. Recorda-se do atentado sofrido pelo Papa João Paulo II? Desnecessário repetir o já conhecido, o envolvimento de Sua Santidade com os Estados Unidos, o desmonte da União da República Soviética, a Polônia, alguns balaços na Praça São Pedro, Vaticano.

– Sempre a Igreja Católica esteve entre os poderosos.

– Sem dúvida, um aval para a continuidade do Poder Eclesiástico. Em tempos mais recentes, a Igreja silenciou sua pretensa ética em relação ao apoio irrestrito ao assassino Hitler. Sua Santidade Papa Pio XII guardou hipocritamente o silêncio. A orientação política da Igreja é: sempre martelo, nunca prego! Recordarei para você alguns poucos nomes que exercitaram a martelagem amoral, relacionada aos profundos vínculos com o nazismo, como o Bispo Berning de Osnabrück, que enviou um exemplar de sua obra *Igreja católica e etnia nacional alemã* a Hitler, "como sinal de minha veneração". Outros aliados do facínora Hitler, Bispo Kaller de Ermland, que, em sua carta pastoral, decantava a obra em andamento do Führer; Bispo Machens de Hildesheim, que rezava para que Deus enviasse seus anjos às tropas nazistas; Bispo Kumpfmüller de Augsburgo; Bispo Preysing de Berlim; Cardeal Frings de Colônia, Presidente da Conferência Episcopal Alemã, que exigia até a última gota de sangue pelo Führer; Bispo Hudal; Arcebispo Gruber de Friburgo; Arcebispo Kolb de Bamberg... Lista de Schindler às avessas. Procure no Google e confirmará essa hedionda história.

– Seu duplo é a Puta da Babilônia!

– De Fernando Vallejo!

"Senhores passageiros, apertem os cintos. Desceremos no Aeroporto de Miami em dez minutos. Temperatura *caliente*", e o costumeiro comercial. "Até a próxima!".

CAPÍTULO 27

Viver e deixar viver

Alugaram uma limusine de cor rosa no aeroporto, dirigida por um indiano que não conhecia nada além de *yes* ou *no*. Nos restava orientá-lo ao destino. Depois, o escravo hindu esticava suas mãos, falando a terceira palavra aprendida, "*Mony, mony, mony!*". Chegaram ao hotel, funcionário cubano, garçom venezuelano, faxineira brasileira, carregador haitiano e proprietário norte-americano gordo. Hotel transnacional, espelho da miséria latino--americana, mão de obra escrava, sem documentos, apenas licença para secar lágrimas de saudades. Emigração compulsiva. Os outros brasileiros, minorias endinheiradas, acompanhados de ferraris, porsches, duplex, geralmente donos de longa ficha de desconcertos, mais a sagrada companheira, que é sempre como a esposa do outro, uma santa!

Adentraram ao quarto desleixado, que lembrava pano molhado abandonado atrás da porta da cozinha, protótipo dos hotéis norte-americanos, feito para obesos e novos ricos deslumbrados do mundo saborearem o desnecessário. O gosto da decoração norte-americana reflete o espírito do *self made man*. É uma ideologia que privilegia o indivíduo, que, após o sucesso financeiro e após ter ludibriado, ultrapassado, colocado para os lados rivais nacionais e transnacionais, veste o hábito da bondade. Doa parte da fortuna bilionária para universidades, museus, pesquisas. Ensina a juventude a cloná-los. E clonam. São as virtudes não decantadas do capitalismo americano. Virtudes do espírito capitalista protestante e branco: inchado, sem gosto, Mickey, *money*, trapacear o próximo, *money, money, money*. As mesmas virtudes de qualquer instituição religiosa ou não, tudo por dinheiro! O quarto recordava-lhes, entre gargalhadas, o delírio do mundo feliz americano, tudo pelo verde dólar. Por que nenhum brasileiro de sucesso comercial abria uma lojinha por aqui? Novos ricos, porém nada estúpidos, encontravam-se condicionados com a anarquia fiscal brasileira. "Dá o pé, louro!".

229

O quarto era revestido por tecidos duvidosos de horror, com margaridas entreabertas sem elegância, que preenchiam os espaços ocos das cabecinhas norte-americanas; ao fundo, um pano abacate abandonado há décadas no canto da pia encardida. A arte decorativa norte-americana popular, sem graça, insossa, inodora, protestante falsa, reflete o projeto dirigido ao povo, sem gosto, educado às leis, sofrido em ausência, comprando sem cessar. Créditos, créditos, créditos. A bicicleta tem que girar, sem tempo para reflexão, apenas plástico e televisão ligada. Monoglotas, para o povo americano, o mundo fala o inglês que eles falam. Apenas isso, e basta. Vamos ao *barbecue* de hambúrgueres e salsichas?

Sacos de pipocas, embalagens de *spaghetti* amaldiçoado, almôndegas de bacon, acompanhados de almofadas plastificadas, travesseiros desconfortáveis múltiplos para serem lançados ao chão sobre o carpete, no qual famílias democráticas e republicanas usufruem o ignorante silêncio. A televisão de centenas de canais do mesmo, ligada 24 horas por dia. Lavagem cerebral. Cerveja, pipoca, ventre inchado. "*Yes!*" é a frase mais ouvida em território racista. Televisão, basquete, *baseball*, pipoca... Gorda tentando andar, gordo tentando sentar... Cerveja, mais cerveja, *bacon*, mais pipoca, mais *bacon*, *basket*, televisão circundada de pastores em surto contínuo. Pastores e família em palco uivando por Deus, exigindo a parte do salário do coitado. O escravo obedece e dá! Assim como compra a bolsa do momento, o pobre de espírito dá parte do mesmo ao pastor. À procura de Deus mano, Deus *money*. Depois, é uísque e *bacon*, e também são servidos bacon e uísque. Risos falsos, "*sorry, excuse*", abundantes. A loira protestante prontíssima para foder e te processar. "Esse *cucaracha* me embriagou, *sorry*. Eu não queria, mas ele me embriagou e depois não sei o que fiz na cama. Exijo centenas de milhões de dólares pelo arrombamento anal. *Oh, my God*! Eu não faria isso em condições normais. Fui *abused*. Abusada. E ele abusado. Um *cucaracha*, como todos, *second class citizen*! *Yes, madam*!".

Dupla moral capitalista norte-americana. Sexo noturno explícito, pela *morning* é implícito. Advogados, sócios, corte protestante. Por que não bombardear mais um pouquinho a ilhota, afinal são latino-americanos, ou árabes, ou africanos? Nós somos cidadãos do mundo, os primeiros. Mas somos democratas. Isso é a nossa democracia. Faremos todo o universo à moda americana, com bombas, milhares de bombas.

Marte:

– A busca de Deus, o caminho que perseguimos, ajudará a reinventar o Brasil. Até quando permaneceremos colônia? Primeiro colonizados pela última flor do Lácio até chegar ao império McDonalds. Nossa identidade nacional está corrompida, óbvio que não devemos negar nosso passado, história, escravatura, Guerra do Paraguai, Canudos, Machado de Assis, Alencar, como também é óbvio que não podemos colocar à distância os influxos da escravatura atual.

Babilônia:

– Não vejo diferença de poder disseminado e divulgado em Jesus na cruz ou na Coca-Cola! A estratégia da catequese de um e de outro é a mesma. Investem nas crianças. "Vinde a mim as criancinhas!". É o mote fundamental dos marqueteiros das indústrias católicas e da coca-cola. Não! Na Coca-Cola, não há coca, assim como não há pecado na igreja. Cruz e credo! Me passe a garrafa de Coca-Cola! Amém.

Riram, abriram a garrafa de Coca-Cola, tomaram vários rápidos goles; depois, o arroto aguardado. Arrotava um, arrotava outro, sinfonia norte-americana. Riram, sabiam que, em seguida, iriam ao banheiro. Estavam sobre aquela cama enorme para casais obesos. Babilônia sabia mostrar as coisas sem revelar. Marte não falava, grunhia. O clima se fez, a temperatura elevou-se doce qual sinfonia de Mozart, as mãos buscando-se graciosas, os desejos irrompendo nos lábios molhados. O suspiro permite a fala de Marte:

– Eu quero morrer de amor!

– Impossível morrer de amor. Vive-se de amor!

– Sem amor, teus olhos jabuticabas viram uvas passas. Sua pele descasca do corpo. As dobras das rugas acentuam. O cinza acompanha o mau humor da falta de amar o amor. Todo desamado é no mínimo depressivo. Olhai as mandíbulas dos poderosos, inchadas, travadas. Os olhares para baixo, aguardando o câncer do dia, o coração batendo fora de ritmo, as dores das almas, a vida perdida em conceitos de uma eternidade; morre-se de tantas reuniões *gangsterinas*, ao se esquecer de viver, embora ganhando muito di-

231

nheiro, que depois é gastado durante o processo natural da morte, com os médicos recomendados que aguardam com caneta dourada nas mãos os cheques a serem depositados. Milhões e depois o ritual do enterro, breve noticiário e o lembrete ao final do jornal de notícias: "domingo, transmitiremos a partida do Corinthians e Stupids pela taça dos Sarampos. A partir das 16 horas. Não perca, não deixe de assistir, teleouvinte rebaixado. Não viva, assista, apenas assista sempre à televisão que te educa, orienta e informa aquilo que pensamos ser o melhor para você, irmão, amém. Boa noite!".

– O amor não vem com esforço, com o tempo, com a ajuda de talco ou viagem, com hotéis de seis estrelas. Ele nasce sem obstetra. Encanta e aparece.

– O amor vem nu, desacompanhado, desvestido, somente com a alma de amar.

– Amar o amor é para aqueles que se permitem a entrega, apenas para talentosos da arte. Como surgir a entrega em uma sociedade colonialista em que cada um desconfia do outro, vive para si, juntando o montinho do capital só para si mesmo. Como uma pessoa criada sob essa tragédia se entregará? O restante é outra coisa. Quantos perdem a vida disfarçando a busca por amor em nome do medo de passar fome? Terá em vida toneladas de bacon, ao mesmo tempo que a depressão surge apunhalando o desvio de rota da existência. Se a menina nasce bonitinha, arranja um idiota com dinheiro, lhe enfia dois filhos pulmão abaixo, e o resto é vendaval.

– Fome de amor é saciável apenas quando há encontro, quando os dois se entregam até adormecerem, dependurados na não esperança, apenas vivendo o presente apresentado sem maquiagem, apenas nu.

– Quem desfruta o amor, vive e deixa viver!

– Viver e deixar viver; arte adquirida no amor de amantes.

– Todo o restante, toda procura de cartões de créditos, bolsas de marca, apartamento na Disney... É atalho do morrer em vida.

– Esse reflexo do desespero de os brasileiros procurarem uma Disney tem origem, história, não aconteceu ao acaso. Construiu-se um Brasil de desamor, apoiado por uma vasta rede mística, que escondeu o sofrimento da criança, das mães pobres, dos maridos inconscientes, do poder que a todos corrompe. Brasil leviano. Brasil de desamor. Brasil que desaprendeu a amar, e apenas fez roubar, não entregar, mentir, mentir, mentir. Deve ter aconte-cido uma mutação ou é a vingança de Macunaíma? O vírus maior dos que não respeitam o próximo e agem com leviandade, crueldade, esquecendo a fronteira entre a oportunidade e o assassinato. Brasil, triste de desamores contínuos. Afasta do teu seio o filho que te amou e hoje o teme. Brasil não gentil. Brasil sem abraço, apenas falcatruas, ternos envernizados de cana-lhices e pré-conceitos. Triste Brasil, que perdeu os horizontes, as matas, as árvores que não cessam de chorar e tombam sem auxílio ou lágrimas, os rios que secam, o povo que ensandece, os assassinatos que explodem entre todos e aumentam de volume, mais volume, até encharcarem a alma brasileira de vergonha. Somos um país envergonhado de nós mesmos. Passamos a viver como zumbis à espera. Espera de um anjo que não vem. O demônio que se apresenta. A desfaçatez que se anuncia. Brasil sem escola. Brasil doente, sem trapos para estancar o sangue. Brasil, hemorragia de assalto. Brasil, puto das meninas entregues nas estrada, junto a seus irmãos. Brasil das putas caras e gratuitas. Pobre Brasil. Eu que te amo sofro de desespero, fraqueza, dentro de um labirinto. Não, não pretendo morrer. Aguardo sem esperança, apenas com uma grande revolta no meu peito brasileiro. Restou a última saída delirante, a Disney de Orlando. E, para lá, quem pode vai de classe turista, beijar a Meca da mentira ou ilusão; os que não podem vão de passagem econômica, emigram via México e, lá, entre coiotes, se transfor-mam em escravos de luxo, ganhando misérias em dólar, que, multiplicado pelo nosso dinheirinho, é melhor do que ser puta e dar para gordos, carecas e estúpidos nas noites perdidas brasileiras. Haiti é aqui, Disney é ali.

CAPÍTULO 28

Meus construtores

Babilônia, deitada nua na cama, questiona:

– Quem construiu você, pequeno padre?

– Quero agradecer aos meus construtores. O primeiro deles foi Só-crates, era jovem e procurei-o pelas estantes, queria um livro dele. Alguém me indicou *Atlântida*; li, gostei e repeti sem parar. Depois vieram os clás-sicos Shakespeare, Goethe, Schindler, Freud, Stendhal, Lawrence, Eliot, Pessoa, Dostoiévski, Tolstói, Maiakovski, uma lista sem fim, que foi mode-lando infinda meu caráter. Sem eles, não poderia continuar a existir, seria insuportável.

– Quero agradecer a Elizabeth Browning, Cecília Meireles, Baudelaire, Pound, Doris Lessing... O amor é produtor de mágoas, dores e muita dor. Tenho pavor de amar novamente. O abandono, as noites entrecortadas pe-los olhos semioníricos, o sentir, a falta da pélvis colada na minha, o fantas-ma de um membro amputado, de um nada acontecido, o vazio que traduz a minha alma. Quanta dor, raiva e choro de garganta apertada. Ausência. Lençóis vazios, o lado frio, o cheiro insípido, os cabelos que não esvoaçam, o riso perdido. Nada. O resultado é a raiva que sinto de um abandono enlou-quecido. Abandono do outro corpo em mim. O nada se apegou grudento a minhas carnes. Transformei-me em puta noturna misturada em burguesa descantada. A falta do amor amado é irreversível, produz dor assassina.

– O amor em meu corpo sem idade. Os gritos de busca por um amor. Qual manual de instruções sem graça, busca atalhos, caminhos, ensina-mentos de outros? Quero envelhecer de uma forma diferente do que vi. Quero envelhecer ao lado das minhas carnes flácidas com encanto. Quero aprender a utilizar as palavras de velho confortável, palavras que não ras-gam, cutucam ou ferem. Apenas adoçam o momento do encontro com a jovem que um dia envelhecerá e talvez recorde do idoso amante. Amar é rir das próprias ironias, das peças da vida que trapaceia e são pregadas, dos

235

escorregões, atropelos, tropeços nas rampas a serem conquistadas para um nada de nada. Os fantasmas dos amores segurando nossas pernas e fazendo cócegas nas solas dos pés. Rimos de nossos olhares, rugas, brancura que reveste o rosto intocável de um amante que também foi padre, mas privilegiou o divino amor além de Deus e da mulher.

– Padre, eu confesso, sou psicanalista. Cometi esse pecado pela minha loucura. De onde vim, para onde vou, que nó é esse em meu peito? Noites de insônia, dores, muitas dores... E aquelas fotos de antepassados que nunca vi dependuradas pelas paredes de uma sala fria de visitas. Quem me dera algum pedaço de qualquer coisa para respirar. Fui estudar, li e reli até apreender a história da minha história. Descobri a psicanálise e me apaixonei; foi amor à segunda vista. Freud, com seu cavanhaque, se transformou em pai. Mais uma filha abandonada, adotada pelo velho judeu. Aonde cheguei? Pedi amor ao homem de foto dependurada e desbotada em minha sala de estudos. Cheguei. Li Pound, Proust, Schiller... Impediram que me matasse. Sim, queria me matar de desamor. Muita riqueza fria, muito corpo sem braços. Abraços nem pensar. Depois, vivi entre os fanáticos seguidores do Pai Freud, xiitas da análise. Guardei painho judeu somente para mim. Painho judeu Freud cocainômano necessário, imagine revelar as intimidades sexuais à Europa burguesa, despótica, católica, protestante e falsa. Só com cocaína diluída em água. Os medos da repressão sexual são tamanhos que, ainda hoje, os ditos freudianos temem tocar em assuntos sexuais do criador da psicanálise, sua história de drogado, sua relação com a cunhada, sua história com a russa gostosa mulher de Rilke, histórias naturais de humanas. Mas a repressão no Brasil Colônia continua até contra o velho falecido judeu drogado e médico brilhante.

– Sou padre. Escolhi, entre tantos outros surtos, o caminho de encontrar Deus. Até hoje o procuro. Meu duplo Sherlock associado a 007 permitido faz com que o procure. Talvez se apresente entre escondidas ações. Óbvio que não o verei. Se é que Deus existe, Sua grandiosidade é tamanha infindável. Deus se criou infinito, inconcebível a qualquer cérebro humano. A procura de Deus é uma tentativa símia. Os símios são dotados de curiosidades atrozes. E se comportam, na maioria das vezes, como o marido que quer surpreender a esposa com outro e depois chora pela surpresa que realizou, restando apenas assassiná-la ou perdoá-la. O que importa ao marido traído é ele, somente ele e dele. Imagino-me chegando, pé ante pé, no Jardim Paradisíaco, surpreendendo ao Divino. Daí meu delírio infantil de acreditar que, sendo padre, estaria mais próximo Dele. Fui reconhecendo que o sacerdócio exercido no interior de uma instituição demasiadamente humana, que pretendia ser infalível, dona da verdade, podendo pela credibilidade atuar em vieses... Lembra-se das inquisições infindas? A igreja apenas exacerbava minha aproximação com os seres humanos. Nada mais vaidoso que os cardeais fellinianos em passarelas. Nada mais humano. Ambição, carreira, até o infalível Papa. Nada mais psicótico. Deus flexível, o Papa inflexível. A instituição eclesiástica me fez compreender os grupos humanos, que são alinhavados por uma substância pré-histórica, uma força inconsciente impulsionada pela ilusão. Nem tente diluir a alucinação de um grupo que se elege, crê e convence-se de si mesmo. As instituições humanas são fábricas de ditadores, que se dizem democratas, déspotas, que se falam humanos, universalistas de um único monoautor eleito, ou seu próprio e particular Deus.

– A família médica, partidária política, psicanalítica, futebolística, ou outra qualquer, é sempre horda. Me recordo do último tango, minha bíblia. Gostaria de trazer entre nós a Julia Vermont.

– Bem-vinda!

– Enquanto lia, fui arrebatada pelo ciúme. Os personagens do livro saltavam vivos. Doris Lessing, a maga da escrita, faz com que os personagens não fiquem amarrados às palavras. Eles dançam, saltam, fazem parte da vida. Os personagens dançam ao redor de outro personagem, que fica amarrado às palavras. É uma dança tribal literária. Os personagens vivos fascinados pelo personagem morto. Julia Vermont suicida de amor negado. Julia será descoberta décadas posteriores em escritos e músicas. O descobridor cria um texto teatral. A diretora teatral descobre além de Julia um amor escondido há décadas em seu peito. Há 20 anos não se enamora. E surge o pião que roda ao redor da suicida de amor, um encontro de paixão entre uma mulher de 65 anos e um fidalgo provinciano. É um texto inovador, revelador da história da construção do Duplo e o Outro.

– Entre Sarah e Stephen, existe um ponto de triângulo, a esposa Elizabeth, aquela pretendida por todos os maridos, sabe de tudo e não se importa. Recebe Sarah em sua residência, entrega-a com classe e discrição ao marido, sob os olhares atentos de Julie Vairon, que os observa da imagem pintada dependurada no portal de entrada. O triângulo pertence a um raro quarteto de três mulheres e um homem.

Nesse quarto de hotel de uma Miami decadente, praticava-se uma particular sociologia, que não era a francesa proustiana, muito menos a brasileira freirense. Era particular, revoltada, mistificada pelos anseios de um legado longínquo. De um lado, o delírio palpável da busca de Deus, prática comum entre todos os religiosos de todas as religiões. Era uma tentativa de se articular uma mistura que se vivia, a transgressão dos duplos. Deitar com o duplo e o outro, com o amante e o religioso. O inferno posto na porta do lado de dentro do quarto junto ao anjo. O julgamento inexistente. A ternura perene contínua e presente. Do outro lado, do lado de lá, os corpos exigindo viver, afinal, viemos para esse mundo com duas incumbências vitais: sobreviver e reproduzir. O encontro dos amantes desejava mais do que essa direção; desejavam o contato com a palavra, que dirigiu, guiou, exigiu, assassinou a tantos e tantos que se entregavam em obediência às próprias interpretações das palavras. Os amantes eram os porta-vozes do desejo maior, decifrar Deus.

– Você teve início em meu *shopping*...

– Tudo por aqueles lados começou. A morte de um desconhecido no porão do *shoppinico* foi o gatilho.

– Era necessário assassiná-lo. Ele precisava morrer.

– Você o conhecia?

– Sim. Ele possuía os escritos de Salpetrière. Era necessário apanhar os textos e eliminá-los. E você aparece na hora errada. O resto foi teatro necessário.

– Por que me fala isso agora?

– Navegar é preciso. Ninguém desejava assassinar você. Nem o poder político nacional, muito menos o eclesiástico, nem eu. Você, o 007 religioso, eu, a puta da Babilônia, Bispo, o canalha de sempre, Assis, o mais perigoso religioso da inquisição, Onofre, vítima caída na rede a serviço, Gualberto, o melhor de todos nós... Você, um menino inteligente, brilhante, fodedor e ainda ingênuo. Um dia será Cardeal, mas demora.

– Paguei um pau terrível, me tranquei, surtei, e você me diz que o perigo passou? Como assim? Sou o herdeiro de uma história religiosa, deveria defender quem me dá o sustento, a Igreja.

– Os textos se encontram em lugar seguro. E não é transmissível geracional. É da humanidade. Um perigo se cair em nossas mãos. Está guardado.

– Onde?

– Você se lembra quando disse que estava em Lisboa?

– Sim!

– Estava em Roma.

– Vaticano?

– Menino esperto...

– Os escritos que são mais de mil páginas estão sob muitas chaves nas livrarias camufladas do Vaticano! Sob as chaves de algum Cardeal alemão.

– Menino, não é a primeira vez que se esconde a verdade de Deus. Estão nas livrarias camufladas.

– Nunca soube de livrarias camufladas.

– Algo semelhante à virtual, não palpável, mas existe para poucos. Até o Papa não tem acesso.

– Aliás, é o que menos deveria ter, pois é uma figura representativa popular, logo frágil. Reconhecível. Fala muito. Quanto menos souber, melhor para ele.

– O homem que foi assassinado no *shoppinico* pertencia a uma Ordem sectária ao Vaticano. Ortodoxos franceses que se consideram portadores do sangue de Jesus.

– São poderosos.

– Sim. Eles, há tempos atrás, sequestraram Salpetrière. Onofre enlouqueceu. Sentiu-se pela primeira vez pequeno durante as investigações. Por onde tentava, havia bloqueios ou assassinatos. Inúmeras pessoas foram assassinadas. Você estava na lista. Meu pai, o ministro, também estava.

– Eu na lista? Que importância eu tinha?

– Muitíssima. Toda a sua exemplar carreira religiosa, rápida, plena de cargos importantes, até atingir a maior empreitada da igreja... A revelação da palavra que une o divino ao homem, você se encontrava.

– Por quê?

– Você está no momento de saber, e fui autorizada a revelar. Você carrega o sangue de Jesus. Eu sei que nunca soube ou saberia. É algo incompreensível para você. Sei que talvez você corra mais risco agora do que antes, quando nada sabia. Mas você deve saber. Você carrega em seu corpo o sangue de Deus homem.

– Estou confuso... Eu maconheiro, padre, seu amante e descendente de um dos filhos de Cristo!

– Você é o duplo de Jesus.

– E o Outro?

– Distante de você, é o Cristo.

– E o homem assassinado, por quê?

– O homem que foi assassinado no *shopping*-jaula era seu parente sanguíneo. E sabia. Era francês, estava à sua procura para revelar. Por isso o matamos. Para preservar o segredo da palavra que une...

– Mas por quê... Mas por que atiraram em mim?

– Encenação. Teatro. Os agentes são excelentes atiradores, não perderiam um único tiro. Mas fizeram o que fizeram com ajuda de Onofre, para confundi-lo e fazer com que você desistisse de sua busca pelos escritos de Salpetrière.

– Você trepou comigo a mando?

– Assim como você trepou comigo a mando!

– Sabíamos que você era importante no complexo que estávamos decifrando. Necessitava estar o mais íntimo de você, para saber dos passos.

– Só não contávamos com nosso desejo de amor.

– Fomos tomando posse, conheci a mulher...

– Conheci o homem...

SMS

Babilônia,

Quando a vi pela primeira vez, não acontecia pela primeira vez.

Você já havia sido estudada pelo Colegiado Católico.

Sabia-se por fontes palacianas que havia interesse no Poder de Brasília de
possuir a chave de contato com Deus.

Você seria a cereja do bolo. Sabíamos de Sua vida.

Fomos estudando a sua vida.

Seus envolvimentos com personagens próximos do poder. Onofre, Arcebispo...
Isso não é importante, do ponto de vista moral, pois sabíamos que o seu
casamento fora articulado para fins de poder e dinheiro.

O herdeiro era o alvo.

Haveria falta de sexo a uma jovem normal, saudável – nada de novo desde os
tempos dos Césares. Fui escolhido por ter carne, como você classificou, de
segunda, só músculos.

Entrei no jogo.

Aí surge o assassinato daquele ser nunca mencionado pela mídia. Eu vi o sangue.
Eu vi a morte. Os tiros passaram raspando minhas orelhas e, até hoje, ouço
o zumbido das balas.

Entrei em pânico. Atiraram em mim. Quando me vi, estava debaixo da
caminhonete. Até hoje, sei o número de série do extintor de incêndio
dependurado na coluna que podia ver.

Depois, a prisão. Você mencionada.

Hoje, eu entendo o esquema – inteligente – que seu grupo utilizou.

Conseguiram produzir dentro de minha alma o maior dos temores do cristão: o
Medo da Morte.

Temia ser cadáver semelhante ao cadáver anônimo que vi morrer.

Não interessa se foi uma representação teatral, aliás bem feita. O que interessava era produzir em mim o que existe no interior de todo ser humano: Medo da morte.

Medo infantil, promovido pela religião da Salvação.

Salvar da morte física, inevitável... Se cumprires a obediência inseparável de Deus, serás salvo. Salvo de quê?

Não percebi que essa doença se manifestava sob uma profunda neurose de medo do morrer.

Salvo do medo natural de morrer.

Morrer é qualidade natural da vida.

Transformar um ato normal da vida em medo é manipulação de Poder.

É transformá-lo em criança.

Marie Lenéru dizia: "O homem é uma criança enlouquecida diante da morte".

Minha criança em pânico grudou-se em paixão por você.

No início, considerava-a apenas mais uma psicóloga idiota que estuda um pouco de Freud, mistura com Lacan do momento, e interpreta como carimbo a culpa alheia.

Mas você era diferente do modelo que havia criado.

Você, mulher.

E eu desconhecia mulher. Acreditava que teria todo o controle sobre você.

Tudo isso ruiu quando comecei a sentir algo que jamais havia sentido: ciúme!

Depois, percebi que você jogava melhor, era mais articulada, usava sua sexualidade com desprendimento e liberdade.

Esqueci que você é mulher. Aliás, todo homem esquece... Quando recorda...

Por meio do meu amor por você, e correspondido, descobri Deus perto de nós.

Reconheci o homem distante de seu projeto de ser imagem e semelhança de Deus.

O ser humano está distante desse projeto infantil.

Não temos a menor condição intelectual de compreender o significado de Deus e nos autorizamos como semelhantes àquilo que desconhecemos em essência.

Qual a essência Divina?

Apenas o silêncio como resposta.

Qual a substância do ser humano?

A dificuldade extrema em reconhecer o outro. A distância de sua alma em relação à Razão.

O máximo do homem, aproximar-se a algo legado pela Natureza ou Deus, é o encontro do amor.

E comecei a vê-la como fruto divino. Uma mulher criada para produzir no homem a entrega.

Entregar-se é infinitamente mais difícil que possuir.

Daí o desejo de possuir em todos os seres humanos.

De reis a vassalos, a primeira ideia é a da posse.

Assim aconteceu em relação a você.

De aventureiro detetive, me transformei em enamorado amante e ciumento.

Sim, pensei em coisas terríveis para tê-la de volta.

Eterno retorno ao seio de um amor sem fim ou início.

O que todos os apaixonados procuram desesperadamente: o amor sem fim... O mesmo que a Natureza divina nos legou.

A infinitude do amor de um para o outro.

Compreendi que o primeiro som que Deus legou ao homem foi o suspiro do amor.

Suspiro.

Em cada encontro entre apaixonados, se reproduz a primeira palavra; a sonorização eterna do amor.

Em cada orgasmo, prazer, abraço, unicidade de corpos, está a primeira palavra doada aos homens por Deus.

Suspiro.

Orgasmo e suspiro.

A biografia do amor entre seres humanos está no início do amor à natureza que nos criou.

Quando sentimos isso nas entranhas de nossas carnes e alma, o medo da morte desaparece.

A morte inexiste quando se entrega ao outro.

Seja quem for esse outro.

A entrega é a continuidade de um fluxo infinito.

O universo nos depara e nos acerca com suspiros de encantos e ternuras ininterruptas.

As instituições religiosas produzem o contrário.

Afastam os seres de si. Não permitem o encontro.

Consideram pecado a junção dos corpos e espíritos.

Afrontam o projeto do Deus Natureza, que é o contrário: o amor em dois que se transforma em um.

Talvez, aí nasça o que se quis revelar como Santíssima Trindade.

O encontro de dois que gera um.

Três de amor. Em um.

Você me ensinou isso.

Compreendi os amores de Onofre e Gualberto.

Compreendi os amores dos Cardeais por você.

Comecei a compreender o nosso amor.

O desenho de Salpetrière – escondido por Onofre – está em minhas posses.

Para obtê-lo cometi um crime.

Assassinei Onofre.

244

Ele se aproximou de mim inocente. Eu, de batina, o aguardava no altar da igreja. A arma escondida em minhas mãos dentro da batina disparou várias vezes.

Ele tombou no altar.

Retirei de dentro da sua cartucheira um código. Era de um banco suíço.

Fui até lá. Abri o cofre.

E estava o desenho por todos procurado.

O desenho final de Salpetrière, que se aproximou dessa carreira em busca.

Eu, descendente de Jesus, assassinei Onofre para perpetuar o sangue.

O Desenho?

O Desenho era singelo de profundo. Dois lábios se tocando em beijos soprados de dois para construir um único.

Amor.

SMS

Marte,

Daqui, distante, em terras que jamais encontrará, te possuo de perto.

Estou grávida de você.

Repito a Trindade em nós.

Dois que geram um, três uníssonos.

O sangue Dele Amor continua.

Criamos o Duplo e o Outro em suspiros de Amor.